親権の判例総合解説

親権の
判例総合解説

佐藤 隆夫 著

判例総合解説シリーズ

信山社

はじめに

　民法の親子法では，子のための「親子法」とその立法理念が説かれている。しかし，現行民法の親権――親子法の中核的地位にある――の規定は，戦後の昭和22年民法改正当時のままの規定で，婚姻中の夫婦共同親権は実現したが，その規定の内容は，居所指定，懲戒権などいぜん家父長的理念のままである。いわば，「子のため」の「親権」から程遠い規定で体系化されているといってよい。しかも，いまなお立法的に見直す改正論議も活発ではない。

　しかし，わたくしは現行「親権法」の改正は現代的急務と考える。その理由を要約しよう。

　① 第1に，国連が，1989年11月20日の総会で，「子どもの権利条約」を採択したことに注目しなければならない（日本もこの条約を批准している）。この条約はもちろん子どもの人権尊重を理念とするが，従来国際的にみられた単なる宣言ではなく，まさに法的拘束力を持つ条約である。ちなみにこの条約の基本的視点は，単に子どもを権利享有の主体とするだけでなく，権利行使の主体として尊重しようということにある。たとえば，親との関係においても，子どもは自由に自分の見解を表明する権利は保障されるべく，その見解は子どもの年齢および成熟にしたがって正当に重視されなければならない（12条1項）。子どもが成年に達するまで親の親権に全面的に服するという現行の親権法は，当然全面的に検討されなければならない。親権にかかわる条項として，「親の指導の尊重」を規定した第6条は「親その他の者は，子どもの権利行使に際して，子どもの能力の発達と一致する方法で適当な指示および指導を行なう責任，権利および義務を尊重する」と規定される。すなわち，「親権」とは，「親の子に対する支配的な権利」という家父長的流れにある考え方を超え，まさに子どもの権利を保障するために親に付与された権利・義務として全面的改革こそ欠かせない。本条約は，「子どもの最善の利益」の確保こそ考慮されるべき原則と定める（3条）。その他，親権に関連して注目されるべき規定として，「生命への権利，生存・発達の確保」（6条），「名前・国籍を得る権利」，「親を知り養育される権利」（7条），「意見表明権」（13条），「親の第一次的養育責任と国の援助」（18条），「親による虐待・放任・搾取からの保護」（19条），「養子縁組」（21条）などがある。日本でも近年は深刻な親の子への虐待事件が日常的に続発している。「親権」とは，法的に「親とはなにか」にかかわる概念であり，子の幸福な成長こそ親権の基本理念であり，この条約は国際的にこの基本理念を条約として具体的に規定した。前述のように，日本もこの条約を批准している。親権の改正はまさに立法的急務といわなければならない。

はじめに

② 日本でも，1980年に，全国社会福祉協議会から『親権と子どもの人権』という問題提起書が出版されている。つぎの発言ないし見解が注目される。たとえば，「『親権とは子自身の成長発達する権利に対応する親としての義務である』という親権の正しい意義を理解するならば，親としての義務，とくに『子を監護教育する義務』を怠っている親は，親としての権利を主張する資格はない……」という稲子宣子教授のコメント（24頁），また，「なによりも，おそるべきことは，親の子どもの人権についての認識の低さであり，しかも，本来はわが子の福祉を守る親権が，逆作用して子を私物化し，親のエゴイズムを中心に親権が行使されている実態となっている」という全国児童養護施設協議会（全養協），長谷川重夫氏コメント（110頁），それに，全養協の村岡末広氏は，民法改正の意見として，㈠民法834条（親権喪失）について，「父又は母が親権を濫用し，又は著しく不行跡であるとき」という条文の内容を「長期にわたる行方不明，放任による監護不在，長期又はしばしばの受刑等による監護不適など具体的に例示し，親権行使の不適当な状況において，一時停止，喪失，剥奪などの段階的措置を法制度化されたい」と提言する。また，㈡民法763条・766条の改正意見として，「民法第763条，及び第766条による協議離婚に際し，子どものあるものの親権の帰属に関しては家庭裁判所に届け出る」ことを法制度化されたい，と提言する。いずれも注目される提言である。とくに協議離婚は，子不在の離婚になりかねない。この提言をさらに私なりに考えると，親権の帰属は家庭裁判所の確認を得る，または調停離婚を義務づけることなどが考えられる（右の2つの改正意見は，135－139頁に述べられる）。

離婚後の父母の親権は，共同親権を原則とすべきであると考えることは後述のとおりである。現行民法の離婚後の単独親権は，子の立場が法的視点にない夫婦の面だけのとらえ方にすぎない。離婚後も，子と父母の身分は変わらない。離婚後，子と同居し監護することも親権の行使であり，また，同居しない親が子と面接交渉することも親権の行使である。現在の定説でも，面接交渉も親権から裏づける議論はなされていない。

現代社会は，一口にいって子の受難時代といわれるほど親の放任，虐待が社会問題化している。民主化された近代親権法がどうあるべきか，本書が読者に一石を投じられれば幸いである。

平成16年4月20日

佐　藤　隆　夫

目　次

はじめに

親　権

第1章　序論——親権の沿革的推移 … 3

1　父権から親権へ … 3
2　親権から後見へ … 3

第2章　親権の性格論 … 5

1　親権の後見性・社会性の抬頭理論 … 5
2　親義務説 … 6
　(1)　公的義務説 … 6
　(2)　私法義務説 … 6
3　折衷説 … 7
4　私見 … 7

第3章　現行民法の親権者 … 11

第1節　親権の当事者 … 11
　1　親権に服する子 … 11
　2　親権者 … 11
　　(1)　実子の親権者——実父母【1】【2】 … 11
　　(2)　養子の親権者——養父母【3】～【7】 … 13
　　(3)　非嫡出子の親権者——原則として母【8】 … 20
　　(4)　嫡出子の実父母の婚姻解消の場合【9】～【20】 … 22
　　(5)　子の出生の親権者は母【21】 … 34
　　(6)　父の親権者の否定のケース【22】【23】 … 34
　　(7)　まとめ … 36
第2節　親権者変更 … 36

目次

  1 意　　義 ……………………………………………………… *36*
  2 単独親権者死亡後の親権変更の許否【24】〜【27】 ……… *37*
   (1) 学　説　論 ……………………………………………… *40*
   (2) 私　　見 ………………………………………………… *41*
  3 審判による親権者の変更【28】【29】 ……………………… *41*
   (1) 親権者変更の却下例【30】〜【37】 ………………… *42*
   (2) 親権者変更の肯定例【38】〜【42】 ………………… *46*
   (3) 第三者の監護者指定【43】【44】 …………………… *50*
   (4) 親権者変更の実務的問題点【45】〜【48】 ………… *53*
   (5) 調停による変更への疑問 ……………………………… *57*

 第3節　親権能力 ……………………………………………………… *58*
  1 未成年者【49】 ……………………………………………… *58*
  2 禁治産者【50】 ……………………………………………… *59*
  3 準禁治産者【51】 …………………………………………… *59*

 第4節　親権共同行使の原則 ………………………………………… *61*
  1 共同行使の意味【52】 ……………………………………… *61*
  2 父母の意思の不一致 ………………………………………… *61*
  3 婚姻中父母一方の親権単独行使 …………………………… *62*
   (1) 事実上行使できない場合【53】 ……………………… *62*
   (2) 法律上行使できない場合 ……………………………… *63*
  4 婚姻関係にない父母の親権共同行使 ……………………… *63*

第4章　親権の内容 …………………………………………………… *65*

 第1節　親子間の法律関係と親権 …………………………………… *65*

 第2節　未成年者の父母の固有の権利 ……………………………… *66*
  1 婚姻同意権（737条） ……………………………………… *66*
  2 面接交渉権 …………………………………………………… *67*
  3 子の命名権 …………………………………………………… *67*

 第3節　身分行為の代理・同意権 …………………………………… *67*
  1 同　意　権 …………………………………………………… *67*
  2 代　理　権 …………………………………………………… *68*

 第4節　身上監護権 …………………………………………………… *69*

目　次

第5節　居所指定権（821条）【54】 …………………………………… 70
第6節　懲　戒　権（822条）【55】 …………………………………… 71
第7節　職業許可権（823条） …………………………………………… 72
第8節　面　接　権 ………………………………………………………… 73
　　1　面接権の権利性の根拠 ……………………………………………… 74
　　2　私　　見 ……………………………………………………………… 74
　　3　判　例　論【56】～【65】 …………………………………………… 74
第9節　養育委託契約【66】【67】 ……………………………………… 84
第10節　財　産　管　理 ………………………………………………… 86
　　1　財産管理権と代理権【68】～【69】 ………………………………… 86
　　2　親権者の収益権【70】【71】 …………………………………………… 88
　　3　管理権の終了 ………………………………………………………… 90
第11節　利益相反行為についての親権の制限 ………………………… 91
　　1　意　　義【72】 ………………………………………………………… 91
　　2　判　例　論 …………………………………………………………… 92
　　　(1)　利益相反行為【73】～【76】 …………………………………… 92
　　　(2)　利益相反行為の事例【77】～【83】 …………………………… 97
　　　(3)　利益相反行為でないとされた事例【84】～【89】 …………… 100
　　　(4)　ま　と　め ………………………………………………………… 104
　　3　特別代理人【90】 …………………………………………………… 104
　　4　親権者の代理行為の効力【91】～【93】 …………………………… 106
　　5　親権者の同意【94】 ………………………………………………… 108
　　6　親権者の双方代理 …………………………………………………… 109

第5章　親権・管理権喪失 ……………………………………………… 111

第1節　親権喪失の宣言（834条） ……………………………………… 111
　　1　実質的要件 …………………………………………………………… 111
　　　(1)　親権濫用【95】～【98】 ………………………………………… 112
　　　(2)　著しく不行跡【99】～【101】 …………………………………… 117
　　2　形式要件 ……………………………………………………………… 120
　　3　親権喪失の効果 ……………………………………………………… 120

目　次

　　　　4　ま　と　め ·· 120
　　第2節　財産管理権の喪失 ·· 121
　　　　1　意　　義 ·· 121
　　　　2　効　　果 ·· 121
　　　　3　宣告の取消【102】 ·· 121

第6章　親権・管理権の辞任 ·· 123

　　　　1　意　　義 ·· 123
　　　　2　要　　件 ·· 123
　　　　⑴　実質的要件 ·· 123
　　　　⑵　形式要件 ··· 123
　　　　3　効　　果 ·· 123
　　　　4　親権・管理権の回復 ·· 123
　　　　5　私　　見 ·· 124

む　す　び ·· 125

　　　　判例索引 ··· 127

判例集等略称

大　判	大審院民事部判決	高刑集	高等裁判所刑事判例集
最　判	最高裁判所判決	東高民報	東京高等裁判所判決時報
高　判	高等裁判所判決	裁判例	大審院裁判例（法律新聞別冊）
地　判	地方裁判所判決	新　聞	法律新聞
支　判	支部判決	評　論	法律評論
控　判	控訴院判決	高民集	高等裁判所民事判例集
高　決	高等裁判所決定	下民集	下級裁判所民事裁判例集
家　審	家庭裁判所審判	家　月	家庭裁判月報
支　審	支部審判	判決全集	大審院判決全集
民　録	大審院民事判決録	法　学	法学（東北大学法学会誌）
民　集	大審院民事判例集	判　時	判例時報
	最高裁判所民事判例集	判　タ	判例タイムズ
刑　集	大審院刑事判例集	ジュリ	ジュリスト
	最高裁判所刑事判例集		

親　権

判例総合解説

第1章　序論——親権の沿革的推移

　親権は、いうまでもなく親子法の最も中軸の問題であり、それだけに沿革的にも親権は親子法のあり方そのものを象徴してきたともいえる。ここでは、その間の事情を詳論することは目的ではないが、親権の性格の理解のためにも簡単に一言しておきたいと考える。

1　父権から親権へ

　学者の研究によれば、親権は、もともと家長権ないし家父長権を受け継いだ父親の父権に始まり、近代立法に至るまで父権として存在していた。父権が沿革的に親権と改められたのは、実に1900年のドイツ民法典において始めてのことであった（父の親権が本来的なものであって、母の親権は二次的・補充的なものに止まっていた）。そして現代法の理念とする子の福祉ないし利益を目的とする父母の共同親権が法典に立法されてきたのは、20世紀立法においてのことである（スイス1907年法、ソビエト1926年法、フランス1942年法など）。こうして、この立法の世界的傾向は、第2次大戦後、西ドイツと日本の法典にも出現することとなる[1]。

　さて、日本の親権法は、戦後の家族法の民主化の一環として、まさに急激な革命的立法をみた。わたくしが、とくにこの立法事情に注目する理由は、外国の法制の歴史的発展とは自ずからその意味が異なること、また、実際に立法に際して、そのための親権法の法理念が十分に検討されてのことであったかどうか、法理論としてもこうした基本問題に根本的に注目しているからにほかならない。そして、わたくしは、結論として、現行の親権法体系には後述のように、根本的に疑問をいだかざるをえない[2]。

2　親権から後見へ

　つぎに、現代親権法の世界的動向としては、親権の後見性の理論に学者の目が集中しつつある。そして世界にはすでに立法として結実した法制も現にある（イギリスの1925年の後見法において、後見は自然後見として後見に統一されている。ドイツ（旧東ドイツ）では、1950年の母子保護法、1966年の家族法において、親

---

1)　於保不二雄・同編注釈民法(23) 2－4頁。
2)　私見の近時の問題提起としては、拙著・人の一生と法律151頁以下、拙稿「現行家族法上の親と子の地位」ケース研究178号15頁以下でも一般的に行った。

第1章 序論——親権の沿革的推移

権と後見との法理的統一の方向が明確に指示されている)[3]。

日本でも，戦後早くから学者間では，親権の廃止・親権後見統一論が有力であった。そして，「仮決定及び留保事項」の中にも，「親権制度を廃止し，後見制度への統一案」が一案としてとりあげられていた[4]。このように，親権の後見化の法理的要請は，20世紀後半からの世界的動向となっていることが注目される（その理論は後述するが，なお，わたくしは，後述のようにいま直ちにこの理論には同意できない）。

以上が，簡単な親権の沿革的素描である。机上の理論ではそのように簡単にまとめられるが，この沿革をみてまず注目されるべきことは，親としては当然と思われる，「子のための親権」が法理上正面に現われたのは，実に20世紀に入ってからのことである。親とはなにかを改めて考えさせられるし，また，親子の関係も，とくに時代思潮，政治現象によって大きく左右される事実が改めて注目されるべきである。

---

[3] 於保・同編前掲書3頁。
[4] 於保・同編前掲書4頁。

第 2 章　親権の性格論

つぎに，日本の学説を条件としつつ，現代の親権の性格を検討したい。このテーマは，解釈論というよりは私見はむしろ立法論であって，すなわち，こうした学説の理論の動向にこそ，現行の親権法の性格が如実に浮き彫りにされる。学説では，当然親権の根本的性格から分析し，その本来のあり方を解明しようとする。

1　親権の後見性・社会性の抬頭理論

まずこの理論は，前述のように，日本でも現代の支配的見解とみてよい。要するに，この理論のポイントは，現代の子の監護は親族自治に放任されるべきではなく，社会国家的任務と考える点にあり，その立場からその後見性・社会性が一段と強く要請されるべきものと説く5)。すなわち，この理論では，もともと社会性の性格をもつ後見制度が法理論の上で強く認識される（裁判所の存在が注目され，裁判所は後見の上部機関であり，後見人はその下部機関であると説かれる）6)。すなわち，この理論では，従来親権の補充ないし延長とされていた後見制度を，その社会性から根本的に掘り下げ，そこに親権を法理上吸収しようとする。後見の観念の抬頭とともに，いわば親権の後退論という，親の地位についてのまさに画期的な理論といってよい。

そしてこの理論の抬頭するについては，子の幸福を社会的に考える児童福祉の理念が，親権のあり方にも当然　反映してきたと思われ，子のための親権の現代的法理としてはむしろ自然の発展ともいえる。

さて，現行民法は，旧法に比べれば，一段と親権の後見化を進め，両者の差を縮小したが，なおつぎのような差異が残っている。この差異をどうみるかは，今後の親権の積極的な後見性を立法する上での基本的問題点となると考えられる。ちなみに，民法上の差異は，つぎのように要約される7)。①婚内子には父母，養子には養親，婚外子には母が当然に親権者となり別段の手続届出を必要としない（818条）。これに対し後見人は指定（839条），選定（841条）の手続により，かつ届出（戸81条）を必要とする。②親権者の資格（818条3項但書，838条1項）と後見人の資格

---

5)　中川良延・奥田昌道他編民法学7161頁。
6)　於保・同編前掲書196頁。
7)　於保・同編前掲書11頁。

(846条)と法の考え方が異なる。③親権者には財産調査および財産目録調製義務の定めがないが、後見人にはこれが命ぜられている(853条)。④親権者は自己のためにすると同一の注意義務を負うにすぎないが(827条)、後見人は善管注意義務を負う(869条、644条)。⑤親権者・後見人ともに職務終了のときは計算義務を負うが(828条、870条)、親権者は、収益と費用との自働相殺ということで、収益については計算義務を負わない(828条但書)。そのかわり、親権者は報酬を請求しえないが、後見人は報酬をうけることができる(862条)。⑥親権者はやむをえない事由がなければ辞任することができないが(837条)、後見人は正当な事由があれば辞任することができる(844条)。⑦親権には職権解任ということはないが後見人にはこれがある(845条)。なお、⑧後見人に後見監督人があるときは、親権者とは異なることもあるが(851条4項、857条但書、864条)、後見監督人がいないときは、この差異は生じない。

親権と後見人との差異は、以上のとおりである。現行民法では、要するに、後見はなお親権の補充機能をもつことが明らかである。

2　親義務説

つぎに、親義務説がある。この理論は、親権の本質をまさに「親の監護教育義務」という、義務の面からその観念をとらえるべきことを提言する。そして、この理論では、その義務が「だれに対する義務」とみるかによって見解がつぎのように分れる。

(1) 公的義務説

この見解では、親の義務を文字どおり「国家社会に対する義務」と解す。具体的には、すでに穂積重遠先生が早くから説かれたように[8]、「親が子を育てるのは、子に対する義務というより、むしろ国家社会に対する義務と観念すべきである」との理論が代表的なものである。この考え方は戦後も承継され、一時期まで通説であった[9]。

(2) 私法義務説

この理論は、民法上の親子関係に注目し、親義務を純然たる私法上の義務と解す。たとえば柚木教授は、「これを公の義務として子の親に対する請求権を排せんとするは、なお依然として親のための親権たるの思想を払拭しきれない考え方といえる。これを子に対する純然たる私法上の義務と解し、これに対する子の請求権を認めることは、子の人格の尊重という見地よりするときは、何等怪しむべき結論とはいえないと思う」と述べられた[10]。この見解では、私法義務でも子の人格の尊重という立場がポイントとされていることが注目される。わたくしは、後述のように、この私法義務説をとる。

---

8) 穂積重遠・親族法553頁。
9) 中川良延・奥田他編前掲書161-162頁。
10) 柚木馨・親族法206頁。

3 折衷説

ここで折衷説としたが，この学説は，「監護を受ける子の立場からみて，子の監護教育の問題は，公法と私法の全体系を視野に入れて，子，親，国などの権利義務を明かにすることから，見解の対立も考える必要がある」と説く[11]。新たな問題提起といえる。確かに親・子の現実問題を考えるには，公・私法の関連の法規をぬきにすることはできないし，またその問題も法的に多様化しつつあることも否定できない。しかし，問題は親権という，まさに親・子の家族法の法理上の問題である。まず親・子間の親権という家族法での法理の明確化こそ，民法の基本問題ということであろう。

4 私　見

さてわたくしは，前述のように，親権＝親義務，そして親義務については私法義務説をとる。まず，この立場から右に述べた学説を検討し，そのうえで私見を述べたい。

(1) 第1に，親権の後見理論への批判点である。

わたくしも，この理論は理論としては正しいと考える。しかし，日本の親子問題の現状はどうか。この理論はあまりにも現実から遊離しており，いかにも机上の理論という印象を否定できないのではなかろうか。むしろ，法理的には，正しい国民感情を植えつけ，親権親義務の確立こそ先決問題というべく，そのうえでの後見理論への法理の発展こそ，現実にたった自然の推移といえるのではなかろうか。現実の社会では，この理論ではかえって親の地位に対する混迷を招きかねないとさえ思わせられる。

(2) つぎに，親義務説の公的義務説についての批判である。

すでにこの学説に対しては，つぎの批判論が学者から指摘されている[12]。

(a) 第1点は，国は親権者の監護教育の履行について，とくにかかわっていない（834条で親権喪失宣告の請求権者に検察官を認めるのみ）。

(b) 民法上の規定する限り，それは私法上の義務と解すべきであるとする。

思うに，親子の本質からいって，子に対する親義務は本質的に私法上の義務であることは否定できない。親子問題は，民法上の家族法の本質的問題というべく，親義務は，この点からいってまず民法上親のあり方論として問われるべきである。

(3) つぎに，私法義務説についてはどうか。

前述のように，わたくしはこの立場をとる。しかも，私見では積極的にその立場を明示したい。積極的と表現した意味は，私法義務説を前提として，親権法の再編成による親義務の確立が妥当であると考えているということ

---

11) 中川良延・奥田他編前掲書163頁。
12) 中川良延・奥田他編前掲書162-163頁。

第2章　親権の性格論

にほかならない。その意味では，私見はまさに立法論ということになる。現行法の解釈論では純粋に親義務を考えるにしても，明らかに理論の限界に直面することになる。

　つぎに，その具体的論点を考えたい。

　(a)　親権論は，つねに親の身分と一体のものとして法理的に展開されるべく，離婚に直面しても，親の身分から遊離して考えられるべきではない。現行法の離婚に際しての一方の親に対する親権者の指定は，権利論にたつからこその理論であり，それに親権論は単なる法の上での机上の観念論という面も否定できない。

　(b)　子の監護・教育は，いわば親の本質的ともいえる義務であり，まして子のための親権論であれば，当然この親義務が法理上も明確に打ち出されるべきである。

　つぎに，この親義務＝権利論をめぐる従来の学説を検討したい。親義務の確立論であれば，その前提としてまず従来の学説の検討が必須の問題となる。

　(i)　第1に，「親の義務は，子の成長・発展に対する権利と対応する義務である」，との立場から問題の本質に注目した論議がある。この理論は，「親義務は，民法の規定があるから，子に対する私法上の義務である」と解するのではなく，子の権利を積極的に確認する現代の人権思想に適合するよう，親権を再編成した上で，親権を親の義務とみる立場である。そして，この親の義務は，子の成長プロセスにともなってその内容を変えていくとみる。それは，監護．教育の両面において当然同一であるとする[13]。この理論は親権のあり方を弾力的にとらえている点が注目される。ただ，親権を親義務として具体的にみることについて理論的根拠に若干物足りない面が感ぜられなくもない。しかし，親権の本質を，子の成長プロセスから生きた考察をされている点に大きな教示を受ける。そしてわたくしは私法義務説をとるが，その根拠は，単に形式的な法典という立場からではなく，むしろ親・子の身分の本質を考えることにある。「親とはなにか」の解明をそもそも問題とする。もっとも家族法が，民法典の内容とされていることも，形式的には1つの論拠といえよう。

　(ii)　つぎに，子の権利という場合，子は親に対して監護教育の請求権が法理上考えられうるか。ここに困難な問題が現われる[14]。とくに子が幼児の意思無能力者の場合，たとえば監護教育しない父に対して，共同親権者の母が代理して訴求できるか。また826条の特別代理人をして訴求させるか。現行民法上は，こうした訴求の方法は認められていない。そしてこの問題は，親権剥奪の対象とされるのみである。しかし理論として考えれば，親権の本質からみて前説，母の代理説が妥当と思われる。

　(iii)　つぎに，この親権の権利性は子に対して，法理上どう機能するか。従来の学説によると，それは，つぎの3つの面において機能すると説かれる。その1つは，親権とは，

---

13)　中川良延・奥田他編前掲書166-167頁。
14)　明山和夫・於保編前掲書73頁。

親権者が具体的に子に対する監護・教育の遂行につき，子に対してその指示に従うよう要請する権利を有すると説く。つぎに第2点は，親権者の親権遂行およびその内容決定について，第三者からみだりに干渉を受けないという意味で，権利性が要請されると説き，そして第3に，子の権利の実現が十分でない場合に，国家に対してその助力を求めうるという意味で機能すると説かれる[15]。

(4) さて，私見の積極的な私法義務説の根拠をつぎに述べる。
(a) 第1に，親権・後見の統合理論の批判は十分に述べた。
(b) つぎに，公的義務説の批判説である。この点も，前述の学説の批判とその要旨は変わらない。要するに，親の監護教育義務は，法理的には親子の身分からこそ把握されるべきであり，国と子との間には直接の法理的接点は認められ難いということにつきる。民法820条は，この立場で立法されたものとみるべきである。もっとも，親の監護・教育義務のあり方，その実現については，現代国家の理念からいっても，国は当然，深い関心をもつべきである。また，親の監護・教育の目的も，子を健全な社会人として育てることにあり，その意味では，監護・教育義務の遂行のあり方の社会性は当然考慮されるべきである。
(c) また，親義務は親の身分と一体であるべきことは，すでに指摘した（なお後述の離婚の親権者指定の項目，22頁参照）。

(d) それでは，親権の権利性をどう説明するか。この点については，わたくしは基本的には，有地教授の引用された1949年のドイツ連邦共和国基本法6条にいわゆる，「子の教育は親の自然の権利である」との説明に注目したい[16]。同教授の説明によると，親の教育権（監護権も同じと考える——筆者注）は，親子関係を中心とした家族から生じ，親が自立できない子に対して監護・教育する権利・義務をもつのは，まさに自然法秩序の構成要素をなすと解される。そしてこの権利は国家以前の権利であり，しかも他の権利と異なって，それは親が子どもに果たすべき義務のためにあり，またその義務を果たすことはその権利を行使する意味をももつ」というものである。この説明こそ，まさに親権の本質を法理的に明確に説明していると考えられる。親権の権利性は結局法の上で明文的に規定されていなくとも，いわば自然法的に潜在的に認められるべく，それが表面に顕現する場合とは，第三者の侵害，また国に対する主張などの，主に対外的ケースにおいてであろうと考えられる。そして法的にまず確立されるべき根本原理は，親子間の普遍的かつ重要な親の監護教育の本質的義務面の明文化による立法でこそあるべきである。親権の権利性とは，むしろ一般には，法理論で考えるよりも，実際には子にとってむしろマイナス要素であることの実態こそ確認されるべきである。
(e) 日本では家族法の近代化が革命的であったため，親権の近代化もなお正しく社会

---

15) 川田昇「親の権利と子の利益」中川善之助先生追悼現代家族法大系3 239頁。
16) 有地亨「父母の監護教育権と公教育」前掲現代家族法大系3 250頁。

第2章 親権の性格論

では理解されていないと思われる傾向があること、また反面親が自分の主張の前に、子を見捨てかねない傾向があり、親権の権利性は、むしろこうした世相に奉仕しかねないとさえ考えられる（たとえば、親の蒸発現象、子捨て現象、親のエゴイズムからの親権争奪、そうかと思うと親権放棄など）。すなわち、家族が近代化し、個人主義化した家族社会であれば、わたくしは、まず子に対する親義務の確立こそ法理上根本的に当然の要請であろうと考える。

（f）つぎに、親権の権利性の大きな理論的矛盾と思われる、親権・監護権の分属論に法理上注目しないわけにはいかない[17]。これは共同親権の離婚後の1つの態様であり、実際には両親の間の妥協の産物と思われる。この理論は、法理上明らかに親権の後退論になりかねない。しかし、この理論は、親義務の立場から考えると、離婚後の共同監護論への問題提起していることは明らかであり、その意味ではわたくしには大きく注目される理論ともいえよう。

要するに、親権法においては、まず親とはなにか、この問題の素朴な認識から検討されるべく、そして親権とは親の身分に合致した実質的な法理論でこそあるべきものと思われる。

---

[17] 荒木友雄「親権と監護の分離分属」ジュリ661号118頁。

第3章　現行民法の親権者

まず，親権者の身分は，親・子の法的生き方によって，きわめて多様かつ複雑である。判例論も含めて，以下法理的に検討したい。

第1節　親権の当事者

1　親権に服する子

(a)　親権に服する子は，未成年の子に限られる（818条1項）。旧法は，成年の子でも独立の生計をたてないうちは親権に服すべきものとされた（旧877条但書）。これは文字どおり家父長権の子の支配の考え方による。この点は，親義務の立場から考え，また現実的に大学教育が普通教育化しつつある現状をみると，現実的視点からの旧法の考え方の再検討の問題も考えられないこともない。ここでは，1つの問題提起にとどめたい。

(b)　未成年者は，婚姻すれば成年に達したものとみなされる（753条）から，親権には服さない。いったん成立した婚姻が，取消，離婚，一方の死亡などで解消しても，婚姻した未成年者は，再び親権に服すことにはならないと解されるべきである。

2　親　権　者

(1)　実子の親権者——実父母

(a)　実子に対する親権者は，父母または父もしくは母である（818条1項・3項）。現行法は旧法と異なり，親権の存否はもっぱら法律上実親子関係の存否によって決まる。また旧法は父を第1順位，母を第2順位としていたが，現行法はこれを両性平等の立場から改めて，父母は全く同じ立場で親権者となることにした。

(i)　判例【1】，【2】のように，ここにいう親とは，法律上真実の父母であることを要し，事実上親でも法律上親の身分のない場合，また法律上親でも真実の親でない者は親権者とはなれない。

【1】　大判昭15・9・18民集19・1636

［事実］　被上告人（被控訴人・原告）Yは，前戸主の養女（昭和7年○月○日養子縁組）で

第3章 現行民法の親権者

法定推定家督相続人であるから，昭和12年4月10日前戸主の死亡により家督相続をなし戸主となった。ところが，Yの養母の上告人（控訴人・被告）X₁は，昭和12年6月21日Yの弟上告人X₂を出生したと称し同年7月2日出生届をなしX₂は戸籍上Yの弟として入籍された。しかし，YはX₂はX₁の実子ではなく，上告人X₃の私生子であり右戸籍上の届出は全く虚偽であるから，YはX₂と何等の身分関係なしと主張し，上告人3名を相手方として本訴を提起し，未成年者の上告人X₂についてはX₁を法定代理人親権者と表示した。もっともYは，上告人X₂はX₁の子ではなく，またYの弟でもなくして上告人X₃の私生子であることの確認を求めた。1審・2審とも，X₂の法定代理人につき代理権の欠缺があるかどうかを判断せず，その欠缺なきもののようにX₁を法定代理人として訴訟手続を進行し，Yの主張事実を肯定しその請求を認容した。破棄取消差戻。

［判旨］「仮令戸籍上YカX₁女ノ実子トシテ其ノ家ニ入リタル旨不実ノ記載アルトスルモYハX₁女ノ親権ニ服スヘキモノニ非ス……従テX₁女ヲYノ法定代理人トシテ為シタル訴訟手続及判決手続ハ法定代理権欠缺ノ違法アルモノ」とす。

【2】 大判昭5・12・23刑集9・949

［事実］ 上告人（被告人）Xは，昭和4年〇月〇日午後9時頃茨城県真壁郡小栗村大字小栗Aの娘（戸籍上はAの長男B の妹，BがAの父）Y（当年18歳）がその親戚Cから白米1升を借り受けて帰宅しようとし，A方附近の道路に差しかかった際これを強姦しようとして追跡した。Yが駈け出し地上に躓き倒れると，Xはその面部に衣類を覆い暴力を以て仰向に反転させその抵抗を排してYを姦淫し，なおその犯意を継続させ同月16・17日頃の午後8時頃YがC方屋敷内の井戸端において茶器を洗浄しおるのをみると重ねてこれをその場に襲い，その面部を衣類にて覆った後同様Yを姦淫した。被害者Y代理人B（Yの事実上の父で戸籍上の兄）から昭和4年12月19日附を以て告訴を提起し，なおその後戸籍上Yの父であって戸主として表示してあるZから独立して告訴が提起された。なおBはYの認知の手続はしていない。原審は刑法177条前段55条に該当するとして所定の刑期範囲内においてXを懲役2年の刑に処した。破棄自判。

［判旨］「訴訟記録及刑事訴訟法第435条ニ依リ当院ノ取調タル証人Dノ供述ニ依レハ戸籍上Yハ戸主Aノ二女トシテ記載セラレアリテAノ長男ニシテ家族タルBノ妹ニ当ルコトト為ルモDカ原判決認定ノ如ク実ハYノ父ナルコト及被害者YハBト他家ニ在ル女トノ私通ニ因ル子ナルコトヲ認メ得ルニ拘ハラスBニ於テ私生子認知ノ手続ヲ為シタル事実ノ見ルヘキモノナク同人ヲ目シテYノ法律上ノ父ナリト謂フヲ得サレハ該告訴ハYノ親権者ノ告訴タル効力ナキコトモ亦炳然タリ次ニAヨリYノ父ト称シテ告訴ヲ為シタル事実アルモAヨリノ出生届ニ因リ戸籍上YカAノ二女トシテ記載セラレアルハAカ同人ト其ノ妻トノ間ニ生レタル嫡出子ナリトシテ為シタル虚偽ノ届出ノ結果ト認ムルノ外ナケレハAカ之ニ依テYノ法律上ノ父タル身分ヲ取得スルノ謂ナキコト勿論ナリ又Aハ告訴ヲ為シタル当時戸主ナリシコトハ戸籍謄本ニ依リ明ナリト雖Yカ其ノ家ニ入ルヘキ原因アリタルコトノ認ムヘキモノナキカ故ニAハ戸主トシテYノ法定後見人ナリト為スヘキニ非ス随テ其ノ告訴ハYノ法定代理人ノ告訴タルノ効ナキモノトス以上説明スル如ク本件ニ付テハ適法ノ告訴ナキヲ以テ本件公訴提起ノ手続ハ違法ニシテ其ノ効ナ

キモノトス」

(ii) 共同親権の父母の一方が死亡し、また失踪宣告を受け、その他親権を失った場合、共同親権は変じて他方の単独親権者となる。その単独親権者が死亡その他の事由で親権を行いえなくなれは後見が開始する（838条）。

(iii) 父母の認知によって準正されるべき子がまだ認知を受けない前に母が死亡し、死亡後父が子を認知した場合、法理上子は父母の婚姻の時に遡って父母の親権に服す道理であるが、母が死亡しているから、生存者の父の単独親権に服することになる（昭25・12・4民事甲3089回答）。また同様に、非摘出子の父母が婚姻して後離婚し、母の死亡後父から婚姻前に生まれた子の摘出子出生届がなされた場合、この場合も、子は父の単独親権に服することになる（昭29・10・23民事甲2206回答）。

(b) 父母が双方死亡しその他親権を失ったときは後見が開始する（838条1号）。

(2) **養子の親権者――養父母**

(a) 未成年者が養子となると、その子は実父母の親権から離れて、養親の親権に服す（818条2項）。養子がさらに他人の養子になった場合（転縁組）では、第2の養親が親権者となる。この場合、法理上の問題として、実親ないし第1養親は親権そのものを失うのか、それとも単にその行使能力を停止されるものとみるべきか、通説は前説をとる[18]。縁組が親子の効果を生ずることからいって、通説が妥当というべきであろう。

(b) 養父母の一方が死亡し、失踪宣告を受け、その他親権を失えば、他の単独親権となる。

(c) 養父母双方がともに死亡したときは、実親の親権は回復せず、離縁または縁組の取消のない限り、後見が開始すると解すのが通説である。もっとも、実親の親権復活説もある。この点は、後述の養父母双方との離縁の場合は、実親の親権が回復すると解されるのと比較して解釈論上の問題となる。そして、学説では「離縁の場合は、養親子関係の基礎の縁組契約が全面的に解消するから、旧関係の実父母の親権は復活すると解されるが、養父母ともに死亡の場合は、基礎の縁組契約はなお生きているから、いったん消滅した実父母の親権は復活しない」と説明される[19]。もっとも、近時はこの解釈への批判が有力である[20]。その根拠は、近時の学説では、養親子関係それ自体は死後離縁をまつまでもなく、当事者一方の死亡によって当然解消すると解すべきであって、養親死亡後の離縁とは、縁組の附随的効果として生じていた、養子と養親の親族との養親子関係（姻族関係終了）の解消にすぎないとみることにある。こうみると、とくに養親の死亡の場合、後見開始とみる見解には明らかに疑問も提起されてくる。したがって、養父母双方の死亡の際にも、離縁と同じく実親の親権回復説の方向へ理論が傾くことにならざるをえまい。また後見理論

---

18) 山本正憲・於保編前掲書20頁。松坂佐一「父母の共同親権」中川善之助還暦記念家族法大系Ⅴ29頁。
19) 高橋忠次郎「親権の移転」最高裁判所事務局編・家庭裁判所の諸問題上222頁。
20) 我妻栄・親族法294頁。

をとるならば，死亡も離縁も同一の理論であるべきだということも考えられ[21]，しかしどちらをとるべきかは理論上も難しい問題といえる。そして国民感情からいえば，実親の親権回復が妥当とも思われる。一口に後見開始とはいっても，家族法では理論と実際のかみ合わない面も考えられないこともない。その意味では実親の親権行使が子のためであるときは，実親を後見人にすればよいとの見解も注目をひく[22]。この理論は，838条の文言と，国民感情を巧みに融合させた理論といえる。しかし，実親を後見人にすることは理論的にはいえても，実際はどの程度の意味があるのか。あまりにも法理論的といえないか。むしろ実親が子のためであれば，素直に実親の親権回復といったほうが妥当であろう。

要は，子の幸福の立場こそ根幹であり，死亡も離縁もともに実親の親権回復を考慮しつつ，しかしそれが子のためでないとされるときこそ，いずれも838条の「親権を行う者がないとき」と解されるべきである。

【3】 東京高決昭52・6・13東高民報28・6・134，判時861・65

[事実] Xは，A（養父），B（養母）の養子で，Aが死亡した後，Bと離縁したので実親の氏を復する戸籍上の取扱いを受けた。ところが，Xは，永年養親の氏を称していたので今後も同氏を称すべく氏の変更の申立を家庭裁判所に行った。原審判はいまだ戸籍法107条1項にいう「やむをえない事由」があるとはいえないとして申立てを却下。そこで，Xは，亡Aとは離縁をしておらず養親子関係が継続しているから，縁組前の氏に復するとする戸籍上の取扱いは間違っており，どちらの氏を称するかは本人の意思を尊重して決定すべきである，と主張して抗告したのが本件である。

[判旨]「養親の死亡により，養子との間の親権関係，扶養関係は消滅し，相続関係は，恰かも死亡によって効果発生する。すなわち，養親の死亡によって養親と養子との間の親子関係は消滅する（恰かも，実親子関係が死亡によって消滅するのと同断である。）。その後に残存するのは，養親の血族と養子との間の法定血族関係だけである（恰かも，配偶者の死亡によって，夫婦関係は消滅するが，姻族関係が残存するのと同じである。）。この残存する法定血族関係を消滅させる法律行為を，民法は「離縁」と呼んでいる（811条6項）が，この「離縁」の本質は，養親の死亡後もなお残存する養親の血族と養子との間の法定血族関係を消滅させる養子の一方的意思表示に外ならない（恰かも，姻族関係終了の意思表示と本質的に同じであり，家庭裁判所の許可を要する点が，これと違うだけである。）。

したがって，養父死亡後，養子が養母と離縁すると，これによって，養親子関係はすべて消滅し，なお残るのは，養父の血族と養子との間の法定血族関係だけであるから，戸籍の実務取扱上，これによって，画一的に（戸籍の実務は，その性質上，画一的に処理されるべきものである。）養子は縁組前の氏に復するとしているのは，首肯しうる根拠があるのである。論旨は，養父が死亡しても養父子関係は消滅せず，死後離縁によって始めて消滅するとの民法の誤解に立脚す

---

21) 山本・於保編前掲書205－6頁。
22) 山畠正男・中川善之助編注解親族法291頁。

るものであるから，採用することができない。」

(d) 離縁のケースについては，そのケースによって実に複雑な問題を生ずる。つぎに分説する。

(i) 養父母双方と離縁すれば，前項目の死亡のケースと異なり，実父母の親権も回復すると解するのも多数説である。現行法では離縁はいわば縁組効果の全面的反転とみられるからである。もっとも，一旦実親と子の親権がきれているから，離縁の場合の実親の親権回復は，子の立場からいえば，法理上は実庭裁判所の許可事項とする，との立法態度が望ましいと思われる。

(ii) 養親の一方が死亡後に単独親権者となった養父または養母と離縁した場合はどうか。離縁を重くみれば，実親の親権復活理論が考えられる。しかし実際の取扱例は，死亡養親との縁組関係が存続するとみる関係上，生存養親との離縁効果は，死亡養親の上に及ばないから，この場合は後見開始原因とみる（昭25・3・30民事甲859回答，昭26・1・31民事甲71号回答）。

以上のケースを総合すると，養父母が生きていて，養子がその双方と離縁すれば，実親の親権が復活するが，養父母双方が死亡したり，または一方の死後，他方と離縁した場合には，後見開始となるというのが実際の取扱いである。中川善之助は，「無意味な差別だと思う」と述べたが[23]，こうした理論は，確かに法の形式理論の万能という印象を否定できない。しかしそうかといって離縁も死亡も同一の理論というわけにもいくまい。とくに離縁の場合は問題であり，前述のように，家庭裁判所の機能を無視した弾力的処理が妥当と考えられる。

(iii) 養親が離婚し一方が親権者に指定された場合に，単独親権者となった養父または養母と離縁したときは，どうか。通説は，他方養親との親族関係はいぜん存続しているから，実親の親権回復の余地がなく，後見が開始すると説く[24]。しかし，実親の親権復活論も有力である[25]。また他方養親の親権復活論も考えられる。実親の親権復活論が理論として，また国民感情からも妥当と思われる。なお，取扱例は右の通説の立場をとる（昭27・12・8家庭局第2課電報回答）。

(e) 養親と実親とが夫婦の場合，すなわち夫婦の一方が相手方の子を養子としたとき（795条但書）は，婚姻中は養親・実親ともに親権者と解されるべきである。具体的にはつぎの2つのケースが考えられる。

(i) その1つは，実親甲が乙と婚姻した後に，乙が甲の実子丙と養子縁組した場合，婚姻先行のケースである。その場合，甲乙は夫婦であるから，本来共同縁組を存すべきであるが，甲は丙の実親であるから重ねて縁組することは無意味であり，乙だけが縁組の当事者になったにすぎない。すなわち，丙は甲乙夫婦との縁組も同視できるから甲乙の共同親権に服すことになり，甲は乙丙間の縁組により親権を失うことはないと解される。取扱

---

23) 中川善之助・新訂親族法544頁。
24) 山本・於保編前掲書207頁。
25) 我妻・前掲書322頁。

例も一貫してこの立場をとる（昭和24・12・2民事甲2794回答26)）。判例もこれを認める（【4】）。

【4】 大阪家審昭43・5・28家月20・10・68，判タ235・293

［事実］ 申立人Xと相手方Y₁とは，昭和32年○月正式に結婚し，同33年11月16日，その間に長男の事件本人Aを出生した。その後XY₁は調停離婚した。その際つぎのように当事者間に調停条項が成立した。㋑Xには，1カ月8回ていど，Aとの接見を認める。㋺Aの学校休暇中は，5日以内ぐらいX宅などでの外泊を認める。㋩Aの親権者は父である相手方Y₁とした。その後Y₁は，Xと離婚して間もなく，かねてから，もめ事をつくり離婚原因をなしたY₂と，昭和40年4月○日正式に再婚した。その家庭には，Aのほか，Y₂のつれ子B・Cが，また，Xとの婚姻継続中であったのに，Y₁との間にもうけたかくし子Dまでも生活を共にしていた。

Xは，Y₂はもとバーの女給をしており，生活を共にしている子は，それぞれ親を異にし，Y₁の主宰する家庭は環境が悪いとし，Aの利益保護，教育上の見地から，㋑Aの親権者をXに変更する。㋺Aの監護者をXに変更する。㋩AをXに引き渡す。㋥これらのことが実現するまでの間，Xに，面接などの交渉権を，その情操を傷つけないていどで認める，という趣旨の審判の申立をなした。却下。抗告あり。

［判旨］「……民法818条3項にいう婚姻中の父母とは，婚姻中の実父母，または，養父母だけを意味するものではなく，実親と養親が婚姻中である場合も含んでいるものであるからして，かかる状態にある夫婦の一方が，他の一方の，その親権に服している未成年の子を養子としたときは，その子に対する親権は，実親と養親が共同して行うことになると解されることが一般であり……」。

(ⅱ) つぎに，縁組が先行した場合である。前記事例において，乙がまず丙と縁組をなし，その後に実親甲と養親乙とが婚姻するケースである。有力な学説によれば，実親はその子が養子縁組をした際に，親権を失っているから，その後養親と婚姻しても，親権を有するものではないとの見解がある27)。しかし，この見解はあまりにも形式論と思われ，通説は，実親と養親とが夫婦共同生活を構成した以上，ともに親権者になると解している28)。通説が妥当といえよう。取扱例もこの立場をとる（昭25・9・22民事甲2573回答）。判例【5】も通説の立場をとる。養子がさらに他に転縁組をした後，後養親が前養親と婚姻した場合も同様である（昭23・10・25民事甲2242回答)29)。

【5】 福岡高決昭31・4・30高民集9・4・249，家月8・10・62

［事実］ Aは抗告人Yの婚外子として出生し，相手方である父のXが認知し届出した。その後X・Xの妻Bとの間に養子縁組届出をなし，以来X・Bの共同親権に服していた（Yの親権から離脱した）。その後，X・Bが協議離婚し親権者を父Xと定めてAはXの親権に服した。そし

---

26) 村崎満・先例判例「親権・後見・扶養法」25頁。
27) 外岡茂十郎・親族法234頁。
28) 我妻・前掲書323頁。
29) 山本・於保編前掲書21頁。

てXが死亡したのでその親権も消滅した。かくてAには親権を行うものがなくなった。もっとも，XはBとの離婚後Aの実母Yと婚姻していたから，AはX・Yの嫡出子の身分を取得していた。しかし，養父X・養母Bとの間にはいぜん養親子関係がある。この場合YはXとの婚姻により当然Aの親権を取得できるかが争点となったのが本件である。

[判旨]「論旨は結局，実親と養親とが婚姻した場合に子に対する親権は養親1人が行うか，或は養親と実親とが共同して行使するのかの問題に帰するのであるが，民法第818条第2項は子が実父母以外の者と養子縁組をするもっとも普通の場合に，実父母よりも養親に親権を行使させる方が当事者の意思にも人情にも合致するものとして定められたものであるから，実親と養親とが婚姻してその夫婦の許で養育している場合に養親があるからというて，実親の親権を認めず，養親のみに親権を行使させるのは親子間の人情に反するばかりでなく子の利益の保護を全うする所以でない。だから，この場合は民法第818条第3項に則つて養親，実親の共同行使を認むるものと解するのが相当である。したがつて，右婚姻により一旦回復した実母の親権は爾後養父が死亡し（且つ離婚した養母が生存していると否とを問わず）たからといつて消滅するものではない。実母たるYが親権者でないことを前提とするYの主張は理由がない。」

(f) 共同親権となった養親と実親の婚姻が解消した場合，この場合も，つぎの2つのケースがある。
(i) その1つは，死亡解消の場合である。この場合は，生存している親の単独親権とな

ることは学説でも異議はない。取扱例もこの立場をとる（昭24・1・12民事甲3799回答）[30]。判例【6】も養親死亡するも後見開始せず，実親のみの親権に服するとしている。もっとも，学説では養親が死亡して，実親生存の場合については，実親の親権は，養親との婚姻に付随して認められたにすぎないとの根拠から，養親死亡により，実親の親権も消滅し，後見が開始するという見解もある[31]。わたくしは，法理論としては，判例を妥当と考えたい。

【6】 福岡地飯塚支判37・1・19下民集13・1・36

[事実] 原告Xは，前夫との間に出生したA（生後6カ月）を連れ子として被告Yと昭和24年〇月〇日正式に婚姻した。
その後，B・Cの2児（男）が出生した。昭和28年〇月原告が流産してから健康がすぐれず，それを理由にYが別れ話を持ち出し，Xは傷害沙汰になることを恐れてやむなく実兄の許に身をよせた。その後Yは他の女性を家に引張りこんで事実上の夫婦として同棲している。さらに，Yは右女性と夫婦生活をするためにXの連れ子Aがいては邪魔になると考えたものか，Xが入院中に右Aを家から連れ出して，前記訴外Xの実兄方へやり，また原告所有の布団，衣類等を一方的にXのもとに送り届けた。以上，XはYとの婚姻を継続し難い重大な事実ということで離婚を申し立てた。
[判旨]「夫婦親子の現実の共同生活に立脚して考察すれば，実親の配偶者と子とが養子縁組をするのは，実親の配偶者との間にも法定の親

---

30) 山本・於保編前掲書21頁。
31) 外岡・親族法の特殊研究92頁，山本・於保編前掲書21頁。

子関係を発生させて婚姻関係にある実親並びにその配偶者との双方との間に名実ともに夫婦親子の生活共同体をつくりあげるのが人情に合し，子の利益の保護にもなるという意図に出たものであり，この実情を背景に民法第818条第2項の適用を排して，同条第3項の父母婚姻中とあるのは実親と養親との婚姻中をも包含するものとし，子は両者の共同親権に服するものと解釈すべきであるから，その実親と養親とが離婚する場合においては実親間あるいは養親間の離婚の場合と同様に民法第819条第1項あるいは同条第2項の適用があるものと解するのが首尾一貫するし，また離婚後も実親と未成年養子が親子として共同生活を持続する場合が多いと思われる点から自然の人情にも反しない。以上の次第であつて裁判離婚の場合においては裁判所が職権をもつて養子の親権者を指定すべきものといわなければならない。」

（ii）つぎに離婚解消の場合である。この場合はとくに法理的に問題があり，取扱例にも変遷がみられた。そこには学説の影響もあることはもちろんである。まず養親と実親とが夫婦の場合は前述のように2つのケース（縁組先行の場合と，婚姻先行の場合）があるが，近時の多数説は，そのいずれをも問わず，離婚の場合は，819条1項・5項が適用されて，協議または審判によって親権者が定まると解する[32]。取扱例は当初818条2項の原則にもどって当然に養親の単独親権になるとしていたが（昭23・10・5民事甲3160回答），その後右の多数説のように変更された（昭25・9・22民事甲2573通達）。判例【6】も，この多数説の立場から，819条2項に基づき裁判所が職権をもって親権者を指定するとした。

なお，学説としては，その他つぎの見解もある。とくにその現実的生活が注目されるべきであるとして，縁組先行の場合は，離婚により養親子間の現実的共同に原則として，影響なしとして，当然に養親の単独親権を認め，また婚姻が先行する場合は，実親と養子の共同生活が持続するのが普通多かろうから，親権者は父母の協議により定むべしとの見解である[33]。

(g) 養親と実親とが共同親権となった後の離縁の場合をどう考えるか。つぎの2つのケースがある。

（i）その1つは，未成年者丙が実父甲の代諾によって丁男と縁組し，その後実母乙が養父丁と婚姻した結果丁乙の共同親権となった。その後丙が丁と離縁した。この離縁によって丙は縁組前の親権者甲の親権が復活するとの見解もあるが[34]，通説は乙丁の共同親権者となった乙の地位を養母と同一視して，離縁後の親権者は乙であると解す。取扱例もこの立場をとる（昭23・4・21民事甲967回答）。判例【7】もこの立場をとる。

【7】 広島家審昭30・9・9家月7・10・24

［事実］ 事件本人Aは，昭和15年（月日不詳）父B，母Cの嫡出長女として出生したが，昭和20年（月日不詳）親権者であるBが死亡したのでCが親権者となった。その後，Cは民法

---

32) 高橋「前掲論文」最高裁判所事務局編・前掲書220頁。
33) 村崎・前掲書27頁。
34) 村崎・前掲書28頁。

等の応急措置に関する法律下の昭和 22 年（月日不詳）Dと婚姻し同時にAは，Dを養父として養子縁組をした。そして昭和 27 年（月日不詳）DとAの離縁が行われたのであるが，申立人Xは，それが後見開始の原因に当たるとして未成年者Aのため後見人選任を申し立てたものである。

[判旨]「旧民法 861 条は，養子ハ縁組ニ因リテ養親ノ家ニ入ルことを定め，同法第 877 条は，子ハ其ノ家ニ在ル父ノ親権ニ服シ，父カ知レサルトキ，死亡シタルトキ家ヲ去リタルトキ又ハ親権ヲ行フコト能ハサルトキハ家ニ在ル母之ヲ行フ旨を定めているけれども前記法律の下にあつては，家に関する民法の規定は，適用なく，夫婦たる養父と実母は子のために共同して親権を行うものと解するを相当とする。このように本件においては養父であるDと実母であるCが共同親権者であつたのであるが，昭和 27 年○月○○日養父Dと養子Aの離縁が行われたのであるから，親権は自ら実母たるC1人に帰し現にCが親権者であり，Cが親権を失うべき何等の原因も認めることができない。従つて後見開始の原因もないので，本件申立は不適法とし家事審判法第 9 条により主文の通り審判する。」

(ⅱ) その 2 は，婚姻先行のケースである。前例乙丁夫婦の一方丁が配偶者乙の実子丙と，丙の単独親権者甲の代諾により縁組した結果，養親と実親との共同親権となった後に，養親子間で離縁があった場合である。この場合も，前例と同じ立場から，実親乙の単独親権とする。実親の地位を養親のそれと同一視する考え方からである（昭 37・1・29 民事甲 106 回答）。また取扱例は，嫡出でない子の母が死亡して認知した父が後見人となった後に，その子が父の配偶者と養子縁組をして実父と養母との共同親権となった事例において，「その後養子が養母と離縁したときは，実父が単独で子に対する親権を行う」とした（昭 31・2・15 民事甲 317 回答）[35]。

(h) 養親と実親との離婚後に離縁した場合も問題がある。

(ⅰ) 離婚の際に実親が親権者と定めてあれば，離縁によって親権者の地位に変動はない（昭 26・6・22 民事甲 1231 回答）。

(ⅱ) 養親が親権者と定めてあるときは，その実親は，離婚の際に親権を失っているから，離縁により，縁組前の実親の親権が復活するというのが取扱例である（昭 26・1・10 民事甲 3419 回答）[36]。

学説は，右の取扱例に同意するものが有力である。なおその他，協議説をとった上で，単独親権者の養親との離縁により後見開始すべきとの見解もある[37]。近代親権法の法理からいえば，さいごの後見開始説が妥当かもしれない。しかし，離婚した実親（多くは母）の存在も気になる。この親権を失った母にしても，その後の親権者と実子との離縁を予想していたかどうか。実親の存在があっても，ここで簡単に後見開始といってよいかどうか。わたくしは取扱例に同意したいが，家庭裁判所の許可事項とすることが妥当と考えたい。

(i) まとめ　以上，とくに養子の親権者に問題が多い。それに離婚・離縁がからむと一層問題が複雑化する。

---

35) 村崎・前掲書 28 頁。
36) 村崎・前掲書 28 頁。
37) 山本・於保編前掲書 208 頁。

第3章　現行民法の親権者

わたくしがとくに問題とする点は，前述したように，実親がいる場合でも，簡単に後見人選任といってよいかどうかである。この後見人選任論は，見方によっては実親を法理的に無視し，かつ不用とする立場と考えられなくもない。簡単にそういいきれるのか。そして，この場合の実親とは法的にはなんなのかも究明する必要があろう。そうでなくて，簡単に後見人選任論では，あまりにも法の形式理論のように考えられる。まして，近代法は，子の福祉の立場にたつ。とすれば，実親がある限り，実親が親権者として妥当かどうか，少なくとも法理的には家庭裁判所の判断に委せるのが妥当といえるのではなかろうか。この点の立法的解決が切に望まれる。

(3) 非嫡出子の親権者——原則として母

(a) 非嫡出子の親権者は母である。その関係は，父が認知しても当然には変更されない。しかし，民法は，父母の協議で父を親権者と定めることができ，その場合は，父のみが親権を行使できるものとした（819条4項）。

(i) 父母の協議は，胎児認知の場合は，子の出生後でなければならない，と解するのが取扱例である（昭26・7・7民事甲1394回答）。これに同意する有力説もあるが，しかし，必ずしも子の出生後でなくともよいという学説も有力である[38]。わたくしは，後説を妥当と考える。

(ii) 親権について，実母がその届出を黙認する限り，父を親権者とする協議が成立したものとみるべきである[39]。

(b) 非嫡出子の母死亡後認知した父と親権者の指定　具体的にいえば，非嫡出子の母が死亡した後にその子を認知した父を，親権者と定める審判が許されるかどうかである。この問題の特質は，母の死亡後はじめて父が現われ，父を親権者と定める機会がなかったというケースである。学説では，もし父親が親権者として相応しければ，母死亡後も819条5項による協議に代わる審判で父を親権者と定めてよいとする見解が注目される[40]。しかしこれに対して，母の死亡により後見が開始しているから，もはや後見開始後の親権者指定の余地なしとする説[41]，また，後見が開始しても後見人選任前であれば，親権者指定の審判をなしうるとの見解もあって多様である。取扱例は当初後説をとり（昭23・10・15民事甲66回答），しかし後に前説の親権者指定の余地なしとした（昭24・3・15民事甲3499回答）。もっとも取扱例は，実際は親権者審判があって決まり届出があれば受理するほかないとする（昭25・2・6民事甲284回答）。すなわち，実際上は指定を認めると大差ない結果となっている。これに対して家庭裁判所は，819条3項・4項の場合は，6項の変更審判ではなく，5項の協議に代わる審判によりうるところから，一貫して，後見開始後でも，後見人選任

---

38) 山本・於保編前掲書40頁。
39) 我妻・前掲書325頁。
40) 山本・於保編前掲書41頁。
41) 小石寿夫「誰が親権者となるか」前掲家族法大系Ⅴ 47頁。
42) 山本・於保編前掲書42頁。

前であれは，819条5項による親権者指定の審判を許している[42]。判例はかなりあるが，ここでは，代表的ケースに止める（【8】）。

【8】 東京家審昭44・5・9家月22・262，判タ248・307

［事実］ 事件本人長女A，2女B，3女C以上3名の未成年者は，母Dと申立人Xとの間に生まれた非嫡の子である。Dは昭和43年5月24日死亡し，Xは昭和44年2月4日および同月17日事件本人らをそれぞれ認知した。Xは長い間事件本人らとともに同居し事件本人らの父として扶養の責任を負ってきたものであるので，Xを事件本人らの親権者に指定する旨の審判を求めたのが本件である。

［判旨］「(一) まず，民法838条は未成年者に対して親権を行なうものがないときには後見が開始する旨規定するから，非嫡の子の母が死亡すればいつたん後見が開始しているとみるのが文理上一応の解釈となる。しかしながら，わが国における未成年者の身分上ならびに財産上の監護の制度としては親権と後見の二本建てとなつているが，親権者と後見人とでは未成年者に対する愛情や監護の密度において差異のあることを当然の前提とし，国家が後見的にこれに干渉する態様を異にしている。すなわち，親権の行使については家庭裁判所が申立なくしてこれを監督し干渉することがないのに拘らず，後見人については家庭裁判所において後見人の職務執行を監督し，場合によつては職権で後見人を解任することもでき，その上申立により後見監督人の選任もできるとされている。このようにわが制度上，親権と後見とはやや性質の異なるものとして定められているばかりでなく，さらに，この2つの制度の関係において，わが民法は未成年者の監護について親権を後見に優先させ，後見を親権の補充的な制度として定めている。

親権後見に関する上記制度の趣旨に照すときは，親権者が存在するときのみならず，親権者たるべきもの，つまり潜在的に親権者となる資格のあるものが存在するときにおいても，親権を後見に優先させて然るべきものと解せられる。

然るときは非嫡の子の母の死亡後，父の認知により父が新たに親権者たるべき地位をもつに至つたときは，父を親権者として指定することができると解すべきである。

(二) もつとも，上記の考え方については親権者たるべきものを後見人に選任すれば法的には未成年者の監護に欠くところがないではないかとの反論も考えられる。しかし，親権と後見とは国家の後見的役割に差異のあることは上記のとおりであるばかりでなく，事実上の父が後見人として子の監護にあたるよりも，親権者として監護することの方が，わが国一般の国民感情にもあうということを考えると，この場合には親権者たるべきものを優先させるのが妥当と考えられる。」

学説の多数も判例に同意する[43]。そして，その理由を理論的に説明したつぎの見解が注目される。すなわち，この場合の父と子の関係は，父母が離婚して母の単独親権の場合の父と子との関係とはいささか異なり，それと，父母共同の親権行使の場合とのいわば中間に位する，潜在的親権とも呼ばれるべき地位にある。そして，この地位は，親権者変更という厳格な手続を経ることなく，現在の単独親権者の母との協議により親権の移転を受ける地位にあった。それが父の意思と無関係の

---

43) 山本・於保編前掲書42-43頁。

事実によって，右の地位を完全に失うことは問題である，というのである[44]。

(4) 嫡出子の実父母の婚姻解消の場合

(a) 父母の一方が死亡すれば，他方の単独親権となる。

(b) 父母が協議離婚するときは，協議で父母の一方を親権者と定める（819条1項）。親権者の記載のない離婚届は受理されない（765条，戸76条1号）。協議が調わないときや協議ができないときは，協議に代わる審判を求めうる（819条5項，家審9条1項乙類7号）。

(i) 協議による夫婦の一方の親権者の指定は，将来父母の一方を子の親権者と定める父母間の合意であって，指定自体は明かに親権の行使とみるべきではない。親権者の指定に期限を付することは許されない。

(ii) 民法で協議離婚が認められているから，この協議による親権者指定も当然認められているのであるが，果たしてこの指定が子の幸福のためといえるか，本来「子のための親権法」を考えるのであれば，この問題は本格的に討議されるべきであり，そのためには，そもそも「子のある夫婦の離婚」そのものも本格的に討議されるべきである。子のある夫婦の離婚の方式として，協議離婚制を廃棄し，家庭裁判所での調停ないし審判を義務づけるべきであるというのが，かねてからのわたくしの持論である[45]。調停離婚は，調停委員会の主導による司法的合意の離婚であって，その意味において協議離婚とは観念的に区別されるべきである。ここではその理由づけは述べないが，子の存在を考えるならば，まして子は親のための私的存在ではないのであるから，親の意思のみによる，しかもその実態の不明のままの協議離婚，協議による親権者の指定などは当然その法的根拠がないということにつきる。親権は義務をともなうといいながら，協議で親の一方が親権者でなくなるとはどういうことなのか（親でありながら子を監護教育できない，また監護教育しない）とはどういうことなのか，親権とはそもそも協議で任意に処理してよいのか，こうした親権の本質論が，ここで根本的に熟慮されるべきであろう[46]（後述，第4章「親権の内容」参照）。

(iii) さすがに，近時は非親権者の権利義務が学説でも注目されるようになってきた。たとえば，非親権者は，親権者の親権行使に対する一種の監視権をもち，この監視権に基づいて，子の監護に関して親権者に対し種々の権利（たとえば，第三者たる監視者の指定・変更，面接交渉の一般措置について，親権者に協議を求め，これが調わないときは，家庭裁判所に対し，監護について相当の処分の決定（766条2項）を求める）を有する，と説く見解が注目される[47]。離婚後も非親権者も親であることに変わりはない。とすれば，親である限り，たとえ非親権者であっても子に対してなんらかの権利をもつ。そして，この見解は非親権者について，親権の行使を停止されたも

---

44) 高橋「前掲論文」最高裁判所事務局編・前掲書233頁。
45) 拙著・前掲書178頁以下。
46) 拙著「前掲論文」ケース研究178号21-22頁。
47) 川田昇「前掲論文」前掲現代家族法大系3 240-241頁。

のとみる（親権を帰属と行使とに分けて，非親権者も親権の行使が停止されるだけで親権そのものが消滅するわけではない）ことから問題をとらえる[48]。すなわち，非親権者は，実際に子の監護・教育の義務はない。しかし，親権の行使を停止された非親権者も，子に対して愛情のある限り，これを子に注ぎ，子もこれに浴しうることを法的に保証することが必要である。すなわち，非親権者は，親権行使につき子の権利の実現にかなうような内容を与える義務，および何が子の権利実現に対応したものかを決定する権利は停止されない。ここに，非親権者は，いわば親権行使に対する一種の監視権をもつことになる，と説かれるのである。

そしてさらに，非親権者については，この監視権の承認と同様の趣旨から，15歳未満の子の縁組・離縁の代諾，同様の子の氏の変更など，本来親権者の権限に属する事項に関しての同意権をも有するべきではなかろうか，との問題提起にまで至っている[49]。

思うに，この非親権者の地位については，従来あまり学者の関心がなかったといってよい。それだけに，この非親権者の地位についての近時の学説は，きわめて独自的かつ説得力ある見解として注目される。親権という権利性が法の基盤に定着し，しかも親権者が離婚後一方に帰属するという法理論である限り，この見解の示唆する意義はきわめて大きいと思われる。しかし，なおこの理論を前提としてもつぎの疑問がわたくしから離れ難い。

①第1に，本質的に親の身分を考えた場合，親権を帰属と行使とに分けて考える理論は，やはり権利論にたつ形式論理であって（理論としては優れている），子の地位を考えるときなお徹底を欠くといわざるをえない（私見は，後述のように離婚後も親義務の対等の分属論を考える）。さらに親権そのものの性格が，この帰属と行使とに分けて考えうるか，この点にも本質的に検討される問題があると思われる。②つぎに，非親権者が一種の監視権をもつという理論を表面化する場合，実際に協議が一層感情的に紛糾するであろうことも懸念される。このことが，子の福祉にむしろ悪影響をおよぼしかねないのではないか，わたくしは，この理論について，離婚する親の間の親権問題の感情的対立が実際的立場では一層エスカレートすることになりはしないか，調停を長年経験しているだけに深く懸念するものである。

(c) 離婚する夫婦間では，協議または家庭裁判所の審判によって，監護者を決めることができるとされている（766条）。

離婚に際して，なぜこのように監護者のみを決める必要があるのか。親権との関係はどうなのか。この点も，親権という権利性からくる理論上の問題点とはいえないか。わたくしには疑問点の多い問題点といえる。

つぎにその問題点を分説したい。

（i）第1に，その立法理由である[50]，それはつぎのように要約される。①第1に，親権者を決めても，その親権者が事実上の適任

---

48) 川田「前掲論文」前掲現代家族法大系3　240頁。
49) 川田「前掲論文」前掲現代家族法大系3　241頁。
50) 神谷笑子・島津一郎編注釈民法(21) 154頁以下。

第3章　現行民法の親権者

者とは限らないケースが考えられ，このケースに備えて，監護の適任者を監護者と定めて実質的な子の保護をはかる（たとえば，乳幼児の父が親権者のケース，また子が親権者と不和で同居を拒むなどのケースである）。こうしたケースは，法的に親権者を当事者の協議で自由に定めうるとされることから，実際に多く発生することが予想されなくもない。②第2は，父母の親権争いについて，双方の子に対する愛情を満足させる。③そして第3点は，子の財産管理問題を重視して，財産管理と監護とを分属させる必要がある（実際には，財産管理の必要性からの分属がどれほど考えられるか疑わしい）等といわれる[51]。すなわち，このように監護者を独自に定める理由とは，子の福祉のため，離婚後父母の一方を親権者と定めた後も，その決定が相当と思われる場合に限られるという判例がある（【9】）。

【9】　大阪高決昭36・7・14 高民集14・5・312，家月13・11・92，判時278・19

［事実］　X（申立人，相手方）とY（被申立人，抗告人）が昭和35年9月2日調停離婚をした。ところが，Xがそれ以前の同年5月末頃家庭の不和のため両人間の長女Aを連れて一時実家に帰っていたところ，Yの父がAを1日だけということでY宅に連れ帰りそのまま引き留めているので，XがAの引渡しを家庭裁判所に申し立てたところ認められた。これに対しYから抗告を申し立てたのが本件である。

［判旨］　「而して親権の内容としては身上の監護教育の権利義務の外にも身分上及び財産上の行為の代理，並に子の財産の管理などの重要な権利義務があり，通常親権者指定の審判事件においては，これらの権利義務が一括して父又は母の一方に委ねられるのであるが，極めて例外的な場合には，親権者に指定されなかった親或は第三者をして監護教育の権利義務を行使させなければ，子の幸福を確保できない事例も当然考えられるのであつて，必ずしも監護者を第三者にのみ限る理由もないと解する。又Yは本件抗告の提起後，別に原裁判所に対し監護者指定の審判の申立をなし，現在係属中の模様であるが，家事審判法第9条第1項乙類第4号民法第766条第1項後段に基く監護者指定の申立は，親権そのものの帰属に付ては父母の協議が成立し，現実の監護教育の権利義務に付てのみ，協議が調わないか，又は協議をすることができない場合になさるべきものであつて，監護教育の点を含む親権そのものの指定の審判事件が係属中の場合は，親権の内容たるすべての権利義務を考慮に入れて子の幸福の為万全の措置をなすことは，家庭裁判所はもとより，抗告審を担当する高等裁判所としても当然の責務であり，この点に付重ねて監護者指定の申立をすることは不要である。

以上の次第であるから，本件は正しく先に掲げた例外的な事案に該当するものと解し，未成年者Aの親権者を母であるXと定めると共に，父であるYをその監護者と定めるのを相当と認め，之と一部符合しない原審判を右のごとく変更する。」

(ⅱ)　つぎに民法上監護は権利なのかどうか，法文上「監護」とのみあって，「監護権」といってはいない。それだけにこの点は，分属論を考える上での法理上の基本問題といえ

---

51)　神谷・島津編前掲書155頁。

第1節　親権の当事者

る。したがって，まずこの法文上の監護の意味が当然問題とされよう。解釈論的にみると，学説では，この766条にいう「監護」の性質は「権」といわれるほどに強くない。ドイツ流に親権を二分して分属させるという意味のものでもないと解され，しかし，なお立法論・解釈論としては考える余地ありとして[52]，むしろ問題提起が主にされている（旧法では離婚によって婚家を去る者〔多くは母〕は，親権者となることはなかったから，これを監養者とすることは大きな意味があった。しかし，その監護者の地位は全く影の薄いものであった。しかし，現行法でも監護権とはされていない）。そして，近時の学説は監護権という，独立の権利とみる見解が活発である。もっとも，この立場の見解はつぎのように分れ，いまだ決定的といえるほどには至っていない。①第1説は，父母の一方を親権者とした場合に他方の親権は消滅するという考え方を前提とし，この場合の監護者は，単独親権者の親権の内容から身上監護に関する部分だけは独立の権利として取得し，他方の親権はその範囲において停止するとする[53]。②第2説は，親権の帰属と行使とを区別して考える理論を根本とする。すなわち，離婚の場合に父母の一方を親権者とする指定は，親権行使者の指定であり，他方の親権行使は停止されるが，親権そのものはいぜん消滅せずに存在する。かくて，この場合の監護者の監護権は，親権者の親権に由来するものでなく，監護者自身が有している親権（帰属しているが行使を停止されている親権）に基づくというのである[54]。そして，近時離婚に基づく親権者の指定事件（乙類7号事件）と監護者の指定事件（乙類4号事件）との関係について，この見解にたつ前掲判例【9】が現われて学者から注目されている。③そして，第3説として，監護者の監護権は，特定の親権者の親権に依拠することなく，これと独立し，むしろこの権限は直接に法律（736条）に基づくとの見解もある[55]。④そして，従来の通説は，父母の一方を親権者とした場合，他方の親権は消滅するとの考え方を前提とし，監護者は単独親権者の監護権を代行しているにすぎないとみる立場である[56]。

右に述べたように，学説は，監護と親権との関係について苦慮しつつ，その解明に努力してきた。従来の通説は，法文の解釈には忠実といえるが，監護を独立の権利と認めてはいない。わたくしは，学説としては，第2説が優れていると考える。もっとも，この学説に対しては，民法の解釈としては無理だとの批判が注目されざるをえない[57]。さらに，第2説は理論として優れていても，実際の人の

---

52)　神谷・島津前掲155頁。
53)　我妻・前掲書144頁。
54)　神谷・島津編前掲書161-2頁，我妻・前掲書144頁，神谷「離婚後の子の監護」前掲家族法大系Ⅳ24頁などに論議がまとめてある。
55)　中川善之助・注釈親族法下45頁。
56)　神谷・島津編前掲書161頁。
57)　我妻・前掲書144頁。

意識からは遊離しているともいえるのではなかろうか。その意味では，むしろ第1説が妥当とも考えられる。

　さて，つぎに，この親権・監護権の分属そのものに，わたくしなりの疑問を提示したい。まずこの理論は，子の立場を忘れた親の主体の理論である，ということである。それは親の感情的満足に奉仕するにすぎないとさえ思われる。こうした分属論が子の福祉にかなうか，まずこの点こそ究明される必要があろう。子がしだいに成長し，そして実際に子を教育している親が親権者でないことを子が知った場合どうか。どうみても，親権者の地位が上であって，監護者の地位が下である，という見方は実際には否定できまい。まして，親権者は単に名目だけのものとしか社会からみられないということもあろう。そして，親権者・監護者を別にすることは，単に理論を複雑化し，かえって子のための親権の性格からも遊離するのではないか。親権＝親義務の離婚後の平等分担論がこの問題からも具体的に論拠づけられると考えられる。

　(iii)　つぎに，ここでいう「監護」とは，親権の主たる内容である監護と教育のうち，監護のみをいうのか，それとも教育をも含むものと解すべきか。この点も学説は分れる。すなわち，旧法はともかく現行法では積極説が妥当とされる[58]。すなわち監護教育の両者はつねに1個の行為の側面という面をもち，両者の範囲・限界の判断は事実上困難である。とくに幼児の場合は，教育を除いた監護は，積極説の指摘のように無意味に近い。また，居所指定・職業許可・懲戒・引渡請求などについても議論は分れるが，この点も積極的に解されるべきである。また縁組についての法定代理人の代諾権（799条），離縁の協議者についての法定代理人（811条）などについて，監護者をどうみるべきか。現行法では法文上否定的にならざるをえまい。この点も，実際に子を監護している監護者の存在を無視した形とならざるをえまい。監護権とした場合も肯定説はとり難いと思われる。

　(iv)　このように監護権の抬頭となれば，反面，親権の後退論となることは明らかであるが，この場合の親権とは基本的にどのような内容をもつか。近時注目すべきつぎの学説がみられる[59]。すなわち，子に対して指導・助言する。そのための面接交渉する。そして監護者の監護・教育が適切であるかどうかを見守り，場合によっては適切な措置をとること，また学費の経済的援助を与えることなどをいうとされる。もっとも，現代の通説では面接交歩・学費の経済的援助などは，親の当然の権利義務である，ともされており，この点を考慮すると，ここでいう親権の内容も漠然としたものになりかねない。

　やはり，親権の視点を根本的に変えない限り，理論的に苦心したものであっても，この問題にはどうしても，理論的に克服できない根本問題があるといわざるをえないと思われる。

　ここにおいても，学説では，新たな見地か

---

58) 神谷・島津編前掲書160頁。
59) 川田「前掲論文」前掲現代家族法大系3　234頁。

らの理論が登場してきた。それは，親権は現実に遂行しうる親に付与するものとし，766条にいう子の監護者とは，父母以外の第三者に限るとする見方である[60]。要するに，この理論は，親権・監護権の分属を避けようとする。それだけに，単純な見方はできない。法文上はそう読めなくもないからである。この理論は，親権・監護権の分属論を解明した上での理論であることがまず注目される必要がある。恐らく立法者・従来の学説の予想だにしていない見解と思われる。それだけに，この理論は今後も一層の検討が必要であろう。しかし，わたくしは現段階ではつぎの疑問を禁じえない。かりにそうだとすれば，766条の法文に「第三者」の存在を明示すべきだと考えるし，その目的の立法論として受けとりたい。しかし監護の性質からいって，当事者の親の合意とはいえ，勝手に第三者を監護者とすることは，子の福祉からみても大いに疑問が残る。かりに第三者の監護者の指定を考えるにしても，それは後述のようにごく限定されたケースでのみあるべきである。結局この問題も「親とはなにか」の問題に通ずると思われる。解釈論としては，明らかに無理だといわざるをえない。

　つぎに，この問題について，実際の判例の立場から考えてみたい。判例は数も多く，従来学説でも実際にあまり類型化されないが，親権者指定事件に現われたものから，近時の判例を中心として，とくに注目されるものをあげてみたい。子の福祉がどう扱われているかが注目される。①父母が共稼ぎでは監護の補助者の同居の有無が問われる（【10】）。②子が未成熟の場合は，母が育児に当たるのが自然であり適任である（【11】）。③子の意思については15歳以上で自由意思ありとされるが，10－15歳では具体的事情が問われるべきである（【12】）。④子が15歳以上の場合，家審則54条により子の意思を聴くことが必要であるが，客観的意思を推測できるときは，子の意思を聴かなくとも不当とはいえない（【13】）。⑤子の情緒の安定性も当然問題とされる。判例にはこの問題を客観的立場から判断したものがある（【14】）。⑥生活環境の優劣も当然問われる（【15】）。⑦父母の経済状態の優劣も当然問題となる（【16】）。もっとも，この問題は，養育料の給付とも関連する（後述養育料の問題）。⑧また近時の判例には，とくに申立人・相手方の心理テストの結果を考慮して父を親権者と決めた事例があり，きわめて注目される（【17】）。⑨父母の離婚原因の有責性は，子の監護者の決定においてどう考えられるべきか。有責配偶者だからといって，その者に監護されることが，子の福祉に合致しないとは一概に断定できない。父母の有責性は，いわば父母の離婚原因の問題であるのが本質である。しかし慎重な判断が望まれる（【18】）。父母の意思，熱意も慎重な判断が必要とされる（【19】）。なお，仙台家審昭45・12・25家月23・8・45，判タ270・374は，こうしたケースで，幼い姉弟は止むをえない事情のない限り分離すべきでないとして，親権者をいずれも母に指定した）。父母の離婚の対立がそのまま子の引取りの強い願望と化しやす

---

[60]　川田「前掲論文」前掲現代家族法大系3　235頁。

いからである。⑩別居夫婦の子の監護についても，766条2項が準用されるべきである（【20】）。同旨，東京高決昭49・6・19判時747・59，東高民報25・6・108）。

【10】 東京家裁昭和40・11・25家月18・7・56

[事実] 申立人Xと相手方Yは，昭和35年2月結婚式を挙げ，同年11月事件本人である長女Aをもうけ，その後婚姻届出を了した。しかし，Yは異常性格者でXを精神的に虐待し，また十分な生活費を支給せず，生計はXが内職でたてるという状態であった。その上，Yは警察の家事相談係に対し，Xが信仰に凝りAを放置し或いは虐待しているなどとの偽りの申立てをし，Aを児童保護所に預けさせ，さらにXが精神異常者であるとの虚構の事実を申し立て，Xを精神病院に強制入院させた事実が判明している。XはこのようなYとの婚姻生活を継続することはできないので，Yと離婚するとともに，YにAの監護教育をさせられないとして，XがAを引き取って監護養育する旨の調停を求めた。本件では，離婚について調停は成立したが，親権者の確定については審判によった。

[判旨]「㈠Xは現在家政婦として或る会社に住込稼働して，月収約3万円弱をえているに対し，Yはクリーニング店に勤務し，月収約2万円をえているが，経済的能力の点で，両者の間にさほどの差異はないこと，㈡X，Yとも，事件本人に対する愛情の点でも差異はないが，ただ，Yの事件本人に対する愛情はやや盲愛に過ぎる点があり，しかもYの考え方が自己本位で柔軟性がないこととあいまって，この点は事件本人の監護養育を託するうえに若干障害となるものと思われること，㈢Yの事件本人に対する愛情がやや盲愛に過ぎる点から，事件本人は，前記施設入所当時は，父であるYに対し受容的，母であるXに対し，拒否的な態度をとっていたのであるが，事件本人は現在心理的に安定し，父母双方に対する思慕の情，並びに依存感情において別に差異はないこと，㈣Xは現在住込稼働しており，一定の住居を有していないのに対し，Yは一定の住居を有しているのであるが，Xといえども直ちに一定の住居をもつ能力は有しているのであって，事件本人を直接監護養育するために適当な物的環境を与えうる点については，X，Yの間に格別差異はないこと，㈤事件本人に対する監護方針，事件本人の人格形成における対人接触（親族との人間的交流）等を含む，事件本人を監護養育するために適当な精神的環境の点については，Xは親族との交流接点があるのに比し，Yは孤立閉鎖的で，殆んど親族との交流接触がないこと，㈥Xは45才，Yは60才という年齢の点，および両者の健康の点，並びに事件本人が未だ4歳という幼少児である点から，現実に事件本人を監護する能力の点で，Xがまさっていること，㈦X，Yとも，事件本人を監護養育するには，他の者の援助協力を必要とするが，Yは姉夫婦をはじめとして，親族の援助協力が可能であるに対し，Yには，親族の援助協力がなく，僅かに現在の雇傭主の援助協力が考えられるのみであること，㈧Xは，Yによって精神障害者扱いをされ，昭和39年11月18日，○○○○総合病院に入院させられたが，精神医による鑑定の結果精神状態が正常と判断され，むしろYの方に誇張癖，徹底的好争性等の特性が顕著で，性格的にやや偏奇が見受けられること等を認めることができ，これらの諸点並びにその他諸般の事情を綜合して考察すると，事件本人の福祉のため，その親権者としては，YよりもXの方がより適当であると判断せざるをえない。」

【11】 札幌高決昭40・11・27家月18・7・41, 判タ204・195

[事実] 申立人Xと相手方Yは、婚姻中長女Aをもうけたが、YがAの出生につき疑惑をいだき、それを主たる原因として不和が生じ離婚した。XはA（3歳）をY方に残して実家に帰ったが、Aを引き取り養育することを熱望している。原審は、AがYの姉Bによって面倒をみられており、Bが病弱で、子女の養育の経験がない、と認定。また、Xが看護婦などの資格を有し、Aの肉体的・精神的発達のためにも母親の愛情が必要であるので、Aの将来の福祉のためには母親たるXによって育成されることがより相当であると判断し、親権者をXと定めた。抗告、抗告棄却。

[判旨]「しかしてY及びXの各経歴、父あるいは母としてのAに対する愛情や、その育成に関する熱意についての当裁判所の認定も原審と同一であり（XがAをY方に残して実家に帰ったことをもってXにAの養育についての熱意が稀薄であるとは認められない。）、双方の婚姻中の生活態度についてみても、いずれも特に今後Aを養育する上において支障となるような事由があると認めるに足りる資料はなく、また双方の家庭の資産及び収入に程度の差はあるとしても、親権者をいずれに定めるかの判断に対し決定的な要因となる程の相違があるものと認めることはできない。

しかしながら、原審証人C、Dの各供述を総合すれば、抗告人方におけるAの身の廻りの面倒は主として抗告人の姉であるCがみていることが認められ、またAがいまだ幼少であることから考えれば、今後もなお同女の起臥寝食についての世話は主としてCの手に委ねられることが推認されるところ、右Cの供述によれば、同女が既に48歳に達し、しかもやや病弱であり、かつて子女を養育した経験を有しないことが窺えるので、このことと、Aがいまだ3歳の幼児でその肉体的、精神的発達のためには何ものにもまして母親の愛情としつけを必要とする年代であること及び相手方が看護婦、保健婦の資格を有し自活の途も容易に講じ得ることを併せ考慮すれば、原判決説示のようにAの親権者を母である相手方と定めるのが相当と認められる。」

【12】 大判昭13・3・9民集17・4・378

[事実] 上告人X（被控訴人、原告）は、アメリカ領ハワイに在住中大正13年3月14日、被上告人Y女（控訴人、被告）との間に庶子Aを設け、その親権者としてAに対し監護教育権をもつ。ところがY等は、昭和7年11月無断で当時9歳のAを連れ出し日本内地に帰来した。Xの本訴の主張は、Aはその自主意思に基づき帰来したものでなく、現在もなお是非を弁別し利害得失を弁識するに足る能力を有するものではなく、Y等がAを同居させて養育しその引渡しに応じないことはXの親権行使を妨害するもので、ここにAの引渡しを求め本訴におよんだとする。これに対しYの抗弁は、Aは意思能力ある未成年者であって、幼時からXと同棲したことなく、なんら親愛の情を有していない。Aは9歳の時Y等と共に帰朝し以来その慈愛のもとに同棲している。Yは、Aの心情はたとえ死すともXに引き取られることを喜んでいないといい、Xへの引渡しを拒否しつつあるもので、Y等はなんらその作為または不作為によりXの親権行使を妨害しているものではないとする。

原審は、Aが是非を識別するに十分な意思能力を有するものであるとの事実を確定し、Yの本訴請求を排斥した。棄却。

[判旨]「子女カ是非ヲ弁別スルニ十分ナル意

思能力ヲ有シ其ノ自由意思ニ基キ居所ヲ選択シタル場合ニ於テ其ノ居所カ子女ノ教養ニ適セサル生活環境ナリト認ムルトキハ親権者ハ居所指定権ヲ行使スル等其ノ他適当ナ方策ヲ講スルコトヲ得ヘシト雖其ノ子女ト同居シ又ハ之ヲ養育スル者ニ対シ親権ノ行使ヲ妨害スルモノトシテ之カ引渡ヲ請求スルコトヲ得サルモノナルコト明ナル」とす。

【13】 熊本家山鹿支審昭40・12・15家月18・8・62, 判時436・54

[事実] X（申立人）とY（相手方）は昭和23年9月10日協議離婚をし，その際事件本人である両人の長女A（昭和22年10月6日生）の親権者をAの父であるYと定めた。ところが，Xは現在身体が弱く，病気し勝ちであるため，AをXと同居させ，看護等をさせたいと考え，またA自身もYが長期療養中で，その親権に服することを非常に嫌っていたので，右親権者をYからXに変更する旨の審判を求めたのが本件である。

[判旨]「家事審判規則第72条第1項第54条によれば，家庭裁判所が親権者の変更に関する審判をするには，事前にその子の陳述を聴かなければならないことになつており，これは親権者の変更のように子の利害に重大な関係のあることがらについては，その子が概ね思慮分別の具わる時期と考えられる満15歳以上に達しているときは，まづ当該子の意見も聴取して審判の重要な参考とすべきであるという趣旨で設けられたものであるから，その子の陳述を聴取し得る限りは，その陳述を聴かなければならず，その可能な場合にこれを聴かずして審判をすることは違法として許されず，かかる場合に敢えて審判をしたときは該違法は右審判の効力にも消長（取消失効）を来たすべきものといわなければならない。

しかし，当該子が精神，身体の故障等により，あるいは故意に右陳述を拒否して家庭裁判所の聴取に応じないため等により，右陳述聴取が不可能であるような場合においては，同裁判所がその他の資料（事実調査および証拠調の結果等）を参酌検討して当該子のあるべき意思を合理的に推定し，これと他の客観的要素とを綜合して，現親権者と新しく親権者たらんとする者のいずれがその子の利益のために，より適格者であるかを判断することを妨げるものではなく，かかる合理的判断に基づく審判については，それが形式的には子の陳述聴取という法定の履践要件を欠くものであつても，違法とはならず，もとより右審判の効力を左右するものではないと考えるべきである。」

【14】 高松高決昭46・12・24家月24・12・40, 判タ288・404

[事実] 抗告人父Yと相手方母Xは，昭和41年協議離婚し，長女A（事件本人）と2女の親権者をYと決め，Yが監護教育した。その後両名は仲直りし内縁関係に入ったが，再び喧嘩して別居した。それ以来AはXの許で養育されていた。その後YがXの承諾をえないまま嫌がるAをYの許に引き取り，以後現在までY方で監護教育している。Yの女もAを可愛がり，本人が通学している学校も近く便利であり，学校生活も落ち着いた生活をしている。

[判旨]「当事者双方の生活環境，経済状態，事件本人Aの意向など判示事情のもとにおいては，事件本人Aの利益の点からみて親権者をYからXに変更する必要はなく，またAをYからXに引渡すことは相当でない。」

【15】 東京高決32・10・16家月9・11・70, 東高民報8・10・246

[事実] 申立人X男は2度の婚姻で計4人の子女をもうけ, さらに相手方Y女との事実上の結婚で事件本人Aをもうけ, 認知の後入籍させた。ところが, AはYがその後も養育していたので, XがAを自身の親権にのみ服せしめるべく本件申立をした。原審はXの申立てを認めたが, YはXの右のような複雑な生活状況においては, Aの監護養育が十分にできず, Yも生活は苦しいながらAとの生活も安定に向かっているとして, 即時抗告。原審取消。

[判旨]「記録に綴られてある徳島地方裁判所昭和22年(ワ)第135号事件判決正本の写によれば, XはYに対して不当に婚姻予約を破棄しながらその慰藉の方法をも講じないばかりでなく, 事件本人の養育についてもなんら顧みるところがなかつたため, Yから慰藉料等の請求訴訟を提起され, 敗訴の判決を受けたことが明らかであるので, Xが事件本人の養育に関して熱意を有するものとはとうてい認めることができない。またXの経済状態から考えても右に説示したように大家族を抱えて, さきに認定したような程度の事業を経営している状態のもとにおいて, 更に事件本人を引き取つて十分な養育をすることは必らずしも容易でないといわざるをえない。次にYは現在肩書住所において高山○○○○研究所と称する○○教授を開業し, 実母と同居して事件本人を小学校に通学させて養育しつつあるのであつて, Y自身の収入は決して多くないけれども, 附近には親族その他の援助者もあるので, 生活の場としてはむしろ安定に向かつているものと認められ, 且つYは唯1人の実子である事件本人を熱愛し, 同人の養育に一生を捧げる覚悟を以つてこれに当つており, またYの母 (事件本人の祖母) Aは早くから事件本人を育て上げた関係上, 殊にこれを愛しており, 事件本人を手許から離すことを極力拒否しているので, 事件本人は, たとえ経済的には恵まれないとしても, 親身の愛情に包まれてYのもとに育てられるのがむしろ幸福な生活を送ることができるゆえんであると考えられる。」

【16】 東京高判昭42・4・11判時485・44

[事実] X (申立人, 被控訴人) とY (相手方, 控訴人) の間には長女A, 長男B, および2女Cがある。昭和37年2月22日, Xは離婚を決意し調停を申し立てるに至つたが, その後調停も短期間のうちに不調に終り, 本件訴訟に至ったものである。なお, Xは, 畑7反4畝余, 原野4反2畝余および家屋敷を有する, 部落で中流の農家の長男であるのに対し, Yは現在甲市のパン店に住み込みで働いている状況である。そこで, 本件の争点は, 3人の子A, B, Cの親権者をXYのいずれに指定するかが問題となった。

[判旨]「以上のとおり, XとYとは現在においてはもはや夫婦生活を維持する基盤を失い婚姻関係が破たんしたというべく, 如何にYがXの復帰を望んでいるとしても (この点については, 前記認定の経過事実, 並びに《証拠略》により認められる, 控訴人がその所有不動産につき被控訴人主張のように前記調停申立直後ごろ突如実弟のため抵当権設定登記をなしている事実等からみて, 復帰希望が純粋な愛情のみに出るものであるかどうかは必ずしも疑がないわけではない), また当事者の婚姻年数や年齢, 未成年の子女3人があることその他一切の事情を考慮に入れても, 到底旧に復せしめる見込はないものというほかはない。しかして被控訴人が控訴人に対する愛情を喪失したことについては,

控訴人側において特に決定的な要因があるともいえず（前記2月2日の殴打事件は比較的重要であるが，その動機は些細なものである），被控訴人においても若干性急のそしりを免れず，今少しの努力が望ましかったといえるが，さりとて，何らか信義や人倫に反するほどの態度が被控訴人にあるわけでもなく，強いて被控訴人に婚姻生活に復帰させるのは適当ではない。

　以上の事実によれば，控訴人，被控訴人間には婚姻を継続しがたい重大な事由があるといわなければならないから，被控訴人の本件離婚の請求は理由がある。

　しかして前記未成年の子3名については，前記認定のところから，被控訴人がこれを扶養する能力があるとは認められず，むしろ控訴人において養育するのが相当と認められるから，被控訴人主張のとおり，3名の親権者を控訴人と定める。」

【17】　大阪家審昭47・9・7家月25・9・91

[事実]　申立人（X）と相手方（Y）とは，昭和44年見合結婚をし，同年8月20日結婚届出をした。昭和45年事件本人（A）が出生した。この間，その後Xが身体が弱かったが，Yが面倒をみないので，昭和46年XからYに対し，離婚の調停申立をし，Aの親権者は審理によって決めることを条件として調停離婚した。Xは，高校生（アルバイト），父（月収7万円），母（無職），弟（3万円）と同居している。他方Yは，会社の経理事務員で（月収5万円），Aの日常の食事や用便等の世話は，Yの姉・母が行い可愛がっている。Xは，Yの姉や母にAの面倒をみてもらうことを嫌がり，他方Yは「困った時に母や姉に助けてもらえばよい」との考え方であり当事者間にはよく口論があった。

[判旨]　「……Xの心理テストの結果によっても「表面的にはおとなしい落着いた情緒的にも暖かなようであるが，未成熟さがあり深刻な事態に当ると現実的解決に失敗し易くそのときは誰かに頼り，自分を人に預けてしまうような解決方法をとりやすい。」という特徴があげられている。Yの人柄は穏かで真面目な感じを受けるが，話をしていると，処々頑固な譲らないところがあり，1度決めると絶対考えを変えないような融通のきかなさというものが感じられ，ただ決心をするまではいろいろ自分で迷い，考え，配慮するというところは見受けられる。心理テストの結果では「衝動，情緒の統制ができ安定して物事をてきぱきと処理できる人であるが自分に忠実であり自分の考えをしっかり持っている。抑制がききやすいだけに意地を張り真実とは反対の方向に出たり，攻撃が内攻したりするという問題はもっているが基本的には協調性に欠けるような人ではなく，将来を考え予測できる一貫した行動のとれる素質」という特性があげられている。X，Yの健康状態については，Yは健康上特に問題はないが，Xについては，ぜん息の持病があり現在は激しい発作はないようであるが息苦しくなる等の身体的障害はあるようである。

　三　以上X，Yの条件を検討したが，双方とも事件本人に対する愛情や努力は充分認められ，智的能力，生活態度においても事件本人を監護養育していくについて特に支障があると思われるような点は見受けられず，その差も余りない。ただ強いていえば，性格的にXはやや未成熟な依存的なところが見受けられ，困難な問題にあえば行動が混乱し現実的な問題解決能力に不安がみられることと，現在発作はないがぜん息の持病がありその点が事件本人の将来の監護養育について支障とならないかという不安がある位である。事件本人については2歳という年齢か

らみて母親との接触の必要性ということが考えられるが、Yのもとでは Y の母、姉に母親としての役割を充分期待できるし、現在の養育状況から見て充分その任務が果されるものと思われるので強いて考慮に入れる必要はないものと考える。」

【18】 横浜地川崎支判昭 46・6・7 判時 678・77

[事実] 原告 X・被告 Y は昭和 39 年〇月婚姻し、A・B の 2 人の子を出生した。昭和 43 年〇月 X が作業中負傷したが、Y は手当しないばかりか悪口をいったので、このことから夫婦喧嘩となり X は Y の顔面を 1 回殴打した。Y はその精神的打撃から、X ら家族のなだめを振りきって A（長女）をつれて（次女は未誕生）里帰りした。その後 Y は、実家の大事である法事・念仏が終った昭和 43 年〇月やっと帰宅した。Y の帰宅の事情は、仲人の「一切仕事をしなくてよい」という話によるものであり、Y は仕事をせず、また夜 8 時頃飛び出しては帰宅するという生活であった。昭和 44 年〇月〇日その日はとくに仕事が忙しく、X は 7 時半すぎても起きてこない Y に対して、少し手伝って欲しいと要望したところ、Y は不貞寝していたので、X は枕を軽く蹴った。その日 Y は X に断りもしないで長女 A を連れて再び実家に帰った。そして、昭和 44 年〇月〇日、Y は横浜地方裁判所川崎支部 C 執行官、弁護士、その他の者と X 方を訪れ、嫁入り道具、子どものもの全部、おもちゃまで横浜地方裁判所昭和 44 年（ヨ）第 413 号仮処分決定の執行として持ち去った。驚いた X が仮処分申請書を閲覧したところ、X は暴君で Y が妊娠して身体の具合が悪くなっても休ませず炊事作業を強要する云々など一方的な内容が記載され悪意に満ちているものであった」とする。

[判旨]「最後に子の親権者の指定について考えるに、XY いずれも共に親権者を望むところ、XY の各本人訊問により認められる XY の子に対する愛情、生活教育環境等において特に甲乙をつけ難く、いずれも子の福祉上親権者として欠けるところはないから、結局離婚責任の大小によって決するのが最も公正、妥当な措置と思料される。そうして前認定の如く本件離婚責任は主として Y にあるのであるから、X をして子の親権者たらしめるべきものとする。」

【19】 静岡家沼津支審昭 40・10・7 家月 18・3・81、判タ 198・199

[事実] 申立人 X 男・相手方 Y 女は、昭和 40 年〇月調停離婚し、事件本人 A の親権者については静岡家庭裁判所沼津支部の審判を求めた。

X は、X の実家の方が Y に比し豊かであると主張し、また Y は早晩再婚するであろうともいう。これに対して Y は、再婚の気持はなく、A の養育に専念したいと述べる。さらに X は Y の A に対する愛情は盲目的で育児能力がないと主張するが、これは Y が X と感情の違和を来したし、あるいは Y が 1 人で家業の飲食店業に従事しなければならなかった事情によると認められる。一部認容、一部棄却（抗訴）。

[判旨]「一般的に考えて、子が幼児であつて父母が離婚後自己が親権者になることを望んで譲らない場合、母が監護養育するのを不適当とする特段の事情のないかぎり、母を親権者と定め、監護養育させることが子の福祉に適合するものと考えられる。なぜならば、子の幼児期における生育には、母の愛情と監護が、父のそれにもまして不可欠であるからである。」

【20】 大阪高決昭46・4・12 家月24・1・51

[判旨]「別居中の夫婦間における子の監護に関する事項については，当事者間に協議が調わず，協議をすることができないときは，民法766条，家事審判法9条1項乙類4号を類推適用して家事審判の対象となし得るのであるから，抗告人主張のように相手方を子の監護者とすべき事情がある」

(5) 子の出生の親権者は母

子の出生前に父母が離婚したときは，親権は母が行う（819条3項本文）。この場合は，親権共同行使が事実上困難であるから，子の養育上の便宜にしたがって母を一応親権者としたものとされる。父が親権者として失格であるわけではない。したがって，子の出生後父母の協議で父を親権行使者と定めることができるとされている（819条3項但書）。もっとも，子が胎児である間に，父母の間で，子の出生と同時に父が親権者となる旨の協議をしておくことは許されると解すべきか。取扱例（昭26・7・7民事甲1394回答）は許さないが，わたくしは解釈論として積極的に認める学説に同意したい[61]。これを拒否する理由がどこにあるのかと思われる。協議が調わないときは，819条5項により，調停ないし審判による親権者指定となる。

また親権者の母の死亡の場合は，通説は後見開始と説くが，【21】は父からの申立てをまって父を親権者指定したもので注目される（なお，この問題は後述の親権者変更の問題としても論説される。3の2参照)。

【21】 東京家審昭49・12・13 家月27・11・51

[事実] 申立人Xと訴外Aは婚姻後3児をもうけたが，事情により協議離婚し，Aがそのうちの2児の親権者となった。また，離婚後Aは1女を出生したが，その直後に死亡した。そのため，右の子女3名について後見が開始したのであるが，Xは自身が親権者になる旨，親権者変更および親権者指定の各審判を求めた。

[判旨]「離婚後に子が出生しその後親権者たる母が死亡した場合には，未成年子についてまだ後見人が選任されておらず，生存する父に親たる地位において子の監護養育，財産管理をなさしめるにふさわしい事情が認められる限り」，その父を親権者に指定する「審判をなし得る。」

(6) 父の親権者の否定のケース

協議離婚では親権者決定のトラブルが多い。それでも父が勝手に親権者となるケースも多い。その中で「協議離婚の際に親権者を父とすることについて合意がなかった」とした判例【22】，【23】が近時のものとして注目される。

【22】 大阪高決平3・4・4 家月43・9・23

[事実] 協議離婚をした時に親権者は既に定められており，また，親権者を変更すべき理由もないとして親権者指定の申立てを却下した審判に対して，即時抗告審では，協議離婚の際親権者を父とすることについては合意されていなかったとして，原審判を取り消し，差し戻した。

---

[61] 山本・於保編前掲書38頁。

[判旨]「抗告人と相手方が協議離婚の届出をすることを合意した際に親権者を相手方とする旨の合意がなされていたか否かについて検討する。(中略)

抗告人が事件本人に対し一貫して強い愛着を感じていることは本件記録上明らかであるところ、抗告人は同児を連れて相手方と別居し、現に1か月間実家で同児と暮らしていたのであるから、いかに相手方と離婚するためとはいえ、同児の親権者を相手方とすることを承諾するとは考えがたいといわねばならない（仮に相手方が離婚自体に強く反対している場合には離婚について同意を得るために不本意ながら親権者の指定については譲歩することがあり得るとしても、本件においては相手方も離婚に同意しており、しかも、そもそも抗告人は事件本人の親権者となったうえで離婚する意向で同児を連れて別居したのであるから、このような事態は考えがたい。）。また、仮に相手方の主張するとおり協議離婚届出書を交付した際に相手方が事件本人の親権者となることが合意されていたのであれば、その時に親権者の欄に記載がなされたはずであるのに、空欄のままであったのは不自然といわねばならない。さらに、本件記録によれば、抗告人は本件離婚届出がなされた平成2年3月15日の前である同月13日〇〇〇区長に対し「親権者の欄を白紙にした協議離婚届出書を夫に渡してしまった。私は自分が親権者となることを強く希望しており、相手方を親権者とする離婚届出書が提出された場合は、私の真意に基づく届出書ではないので受理しないで欲しい。」旨の上申書を提出したこと（但し、そのような限定付の不受理はできない旨回答された。）が認められ、これによっても当時から抗告人の親権者となることについての希望が強かったことは明らかであり、相手方が親権者となることを了解するとは到底考えがたい。（中略）

以上認定の事実によれば、本件協議離婚届を交付する際、抗告人と相手方との間で離婚についての合意は成立したものの、事件本人の親権者を相手方とする旨の合意はなされていなかったものと認めるのが相当である。

そうすると、民法第819条第5項の規定により家庭裁判所は、具体的な事情を考慮していずれの親を親権者とする方が未成年者の福祉に副うと認められるか否か検討して親権者の指定をしなければならない。」

【23】 大阪家審平8・2・9家月49・3・66

[事実] 親権者を父X（相手方）として届け出られた協議離婚について、双方に離婚意思および届出意思があったとして離婚は有効と認めたが、親権者については、Xが母Y（申立人）との協議未了のまま無断で届け出たので無効であるとし、子（3歳の女児）の親権者を母と指定した。

[判旨]「ところで、上記2に認定の事実によれば、平成6年10月13日大阪市〇〇区長当て届け出られた申立人と相手方との協議離婚自体については双方の離婚意思及び届出意思があったものといい得、従って同離婚が有効に成立したものと解せられるところである（なお、仮に同離婚が申立人の届出意思を欠くものであったとしても、その後申立人において同離婚を追認しているので、遅くとも追認の時から申立人と相手方との離婚は有効に成立したものというべきである）が、未成年者の親権者を父である相手方と定めたことについては、相手方が、同親権者の定めについて申立人と相手方との協議未了のまま申立人に無断で、同離婚届用紙の該当欄に相手方を親権者として定めた旨を記載して届け出たに過ぎないものであるから、無効のも

のというべきである。

そうすると、未成年者の親権者を母である申立人か、もしくは父である相手方か、のいずれかに指定すべきものであるが、同指定について申立人と相手方との間に協議が調わないので、同指定について判断すべきものである。」

(7) まとめ

以上の親権の当事者の問題点を検討してみて、そこには親権が親の身分とかならずしも法理上一体になっていないことが明らかになったと思われる。すなわち、親権論においては、この点の理論的確認、そしてその理由の解明こそ、まず第1の基本問題点といえるのではなかろうか。とくにわたくしが問題とする点は、親権の権利性が絶対視され、法理論においても財産法と同一の形式理論がまかり通っている、という印象を禁じえないことである。親権は義務でもあると法文上明記されていながら（820条）、この義務面についての解明が、この当事者論についても——親権全般についていえる——あまりにも看過されているように考えられてならない。

第2節　親権者変更

1　意　義

民法819条1項ないし5項によって、父母の一方が子の親権者と定められた後に、子の利益のため必要があると認めるときは、家庭裁判所は、子の親権の請求によって親権行使者を他の一方に変更することができる（819条6項）。そして法理上変更の回数には制限がないと解される。もっとも、親権者変更は、父母の協議だけでは許されない。また819条は強行規定であるから、親権者の変更の申立てをしない旨の合意をしても無効である。

この親権者変更制度の存在理由は、一口にいって、親権者と定められた父または母が、子の福祉のため不適当なことが判明したり、またその後の事情の変更によって親権者の変更を適当とすることもありうる、という立場からである。後述のように、この問題の判例は非常に数が多い。

しかしわたしは率直にいって、この親権者変更制度には根本的に疑問を禁じえない。確かに人間社会であれば、思わぬ事情変更によって、親権者変更を余儀なくされることは避けられないかもしれない。そして本来この親権者変更とは、このようなケースにおいてのみ法理上制限的に認められるべきである。それが親権者として不適当であるとか、変更の回数に制度がないとか、これでは、いかに子のための名目を法が掲げるにしても、子を無視した法の形式理論一辺倒といえるのではなかろうか。しかも、この親権者変更が法的に必要とされる理由を実際のケースから考えると、当初の親権者の指定において、当事者の協議によるなど、あまりにも法が安易にこの問題を考えていることがあげられるのではなかろうか。実際には、協議といっても自由な協議が当事者間にあるのか疑わしい。むしろ当事者間の力関係が問題を左右しかねない。

さらに親権者変更が後で可能であるとして，一時的に当事者間で妥協することも考えられなくもない。このように考えると，この親権者変更制度も，明らかに権利論にたつ形式理論が顕著にみられるということがいわれるのではなかろうか。

2 単独親権者死亡後の親権変更の許否

この問題は，とくに近時注目される。その理由は，従来後見開始が通説であったが（【25】。なお，当判決理由としては，「親権者の死亡によって当然生存する他の一方に親権が移行するものとすれば折角の親権者を一方から他方へ変更する審判がなされたにかかわらず，元の一方が再び親権者になることになる不都合な場合も考えられるのである。」と述べていることが法理論として注目される），とくに実務的に，近時家庭裁判所において親権者変更が積極的に認められる傾向があるからである。【26】は特異なものであるが，【27】はその一般的なものであり近時後述のように同旨の判例も相次いでいる（福岡小倉支審昭43・8・15家月20・12・97，判タ238・282，新潟長岡支審昭43・9・25家月21・2・173，判タ239・305，秋田家審昭47・4・14判時681・77，松山家審昭47・5・27家月25・5・46，判時681・77，東京家審昭49・12・23家月27・11・51，徳島家審昭51・1・22家月28・10・66など）。この家庭裁判所の審判の傾向をみると，やはり家事事件については，本質的に親子の情，国民感情が大きな意味をもっていることを根本的に考えさせられざるをえない。そして家族法の法理論の形成の困難さを痛感させられることも事実である。

なお，近時の判例として，母が交通事故による脳挫傷等のため禁治産宣告を受けたことを理由とする，父からの親権者変更申立てをした【24】にも注目する必要がある。

【24】 岡山家児島出審平3・6・28家月44・6・76

［事実］ 協議離婚の後，母Xは単独親権者となったが，交通事故による脳挫傷等のため禁治産宣告を受けた。それを理由として父Yからの親権者変更申立がなされた。本件は，後見が開始する場合であるが，未成年者の福祉のために実親を親権者とする特段の事情が認められることから，Yへの親権者の変更を認めるとされた。

［判旨］「(1) 申立人（昭和27年6月23日生）と相手方（昭和27年9月28日生）は，昭和48年5月28日婚姻の届出をして夫婦となり，昭和49年8月3日長男の事件本人Aが，昭和51年10月27日二男の事件本人Bが生まれたが，昭和56年7月29日協議離婚し，その際，事件本人らの親権者を相手方と定め，以後事件本人らは相手方において養育していた。

(2) ところが，相手方は，平成元年8月3日，原動機付自転車を運転中，普通乗用自動車と衝突する交通事故に遭い，脳挫傷等の傷害を受けて植物人間の状態となり，平成2年3月25日禁治産宣告審判が確定し，その後見人には実兄であるCが選任された。なお，事件本人Aについては，高校の入学手続をする必要性などから，Cの申立てにより平成2年2月21日同人が事件本人Aの財産管理権のみを有する後見人に選任されている。

(3) Cは，相手方の後見人に選任されてから，相手方の住居であった市営住宅に移り住み，事件本人らと同居して同人らの監護養育をするようになったが，その養育態度に問題があり，事

件本人Bを厳しく叱責するなどしたことから，事件本人Bが家出をするという事態を生じたりした。

（4）そのため，Cと申立人及び申立人の母Dとの間で話合いがなされ，その結果，申立人において事件本人らを引き取って監護養育することとなり，そこで，申立人は，親権者を相手から申立人に変更するため，本件申立てをなすに至ったものである。

（5）申立人は，平成3年4月4日から事件本人らと同居し，同人らを監護養育しているが，申立人の住居の近くには申立人の母Dが居住しており，その援助を受けられるほか，申立人においても，その養育に当たっては愛情をもって精一杯の努力を尽くしており，事件本人らにおいても申立人に親和し，落ち着いた生活を送っている。

2 以上認定の事実によれば，事件本人らの福祉のため，事件本人の親権者を相手方から申立人に変更するのが相当である。

なお，民法838条1号に定める「未成年者に対し，親権を行う者がないとき」には，親権者の心身に著しい障害があるため事実上親権を行うことができない状況にある場合もこれに当たり，したがって，後見が開始するものというべきであるが，このような場合であっても，未成年者の福祉のために，なお生存している実親を親権者にするのを相当とする特段の事情が存する場合には，その実親への親権者の変更をすることが認められると解すべきである。しかして，上記認定の事実によれば，親権者の変更を相当とする特段の事情が認められるというべきである。」

【25】 大阪高決昭28・9・3高民集6・9・530，法曹新聞80・14

［事実］ 抗告人X女は，昭和19年にYと婚姻し，A・Bの2人の子を出生した。昭和27年○月YをA・Bの親権者と定めて，X・Yは協議離婚した。ところが間もなくYは死亡。そこでXはA・Bの両名の後見人選任の申立を原審家庭裁判所に行った。原審は，A・Bと無縁の他人であるZを後見人に選任する審判をした。即時抗告。原審取消。

［判旨］「右親権者の死亡によつて当然生存する他の一方に親権が移行するものとすれば折角の親権者を一方から他方へ変更する審判がなされたにかかわらず，元の一方が再び親権者になることになる不都合な場合も考えられるのである。思うに，民法は離婚後親権を行使している者の死亡したときには，離婚後の事態が進展変化することも新たな事情の発生することも十分に考えられるので，子の利益のために，これに適応するよう，それがためには，かつての親権者の存否のみに捉われず，事を改めて合理的に処理する必要がありそうすることを妥当としたものといわなければならない。以上の観点から，未成年の子の父母が離婚し，その一方である父又は母が単独で親権を行使している場合に，その者が死亡したときは，たとえ他の一方である母又は父が生存しているとしても，親権は右生存者に移行することはなく，従つて未成年者に対して親権を行う者がないときとして後見が開始するものと解する。」

【26】 岡山家審昭40・11・18家月18・5・57，判タ200・190

［事実］ 申立人Xは，相手方Yと昭和38年離婚し，長男Aの親権者をYと定めた。その後Y

はその手許でAを養育していた。その後Xは昭和39年再びYの許に復縁した。家族仲良く生活していたが、昭和40年Yは病没した。その間再度婚姻届出の手筈であったが届出前にYが死亡した。しかし未成年のAに対しては、Xはこの間親権者と同様に監護を続けていた。将来とも親権者として養育したいと考えるので、ここにXは親権者変更を求めた。

［判旨］「Xは申立の趣旨として未成年者の親権者をXに変更するとの審判を求め、その理由として、Xが夫Yと昭和38年9月14日離婚するに当つて、長男Aの親権者をYと定め、一応Yの手許で養育していたのであるが、その後Xは昭和39年5月1日再びYの許に復縁し、未成年者と共に夫婦、親子の生活をし、病弱のYの看病、姑の世話はもとより、未成年者の監護教育に当つてきたのであるところ、Yは昭和40年9月24日X、未成年者等を残して病没した。その間、再度婚姻届出をする手筈であつたが届出前にYが死亡したものである。しかし未成年者に対しては、その前後を通じ、親権者と全く同様の監護を続けて現在に至つており、将来も親権者として十分に養育していきたいと考えるので、親権者をXに変更されたいというのである。

戸籍謄本、申立人審問の結果によると、Xが離婚に当り、未成年者の親権者をYと定めることに合意したこと、その後復縁して夫婦、親子関係を続けてYの死後も引続き未成年者の母親として親権者と何等変ることなく、監護教育を続けて現在に至っていることが明らかであるところ、親権者である父または母が死亡したときは、直ちに後見が開始し、後見人を選任すべきであるとするのが通説であるが、本件の場合はXが復縁して、未成年者とも起居を共にしその監護に専念しており、かつ親権者としても適当であつて、未成年者の利益にも合致すると考えられるので、Xの申立を相当と認め……(る)。」

【27】 盛岡家審昭43・9・9家月20・12・94、判タ238・281

［事実］ 申立人Xは事件本人Aら（4名うち1名死亡）の父Yと婚姻したが、夫婦間の破綻により協議離婚をした。その際、親権者をYと定めたが、養育監護は直接にはXが行っていた。ところが、Yが胃癌のため死亡したため、Xは親権者をXに変更するよう求めたのが本件事案である。

［判旨］「ところで単独親権者が死亡すれば民法第838条により後見が開始するから、生存する父または母があつても後見人を選任しなければならずその者が希望し、かつ適任ならば同人を後見人に選任すれば足りるとする消極説が従来の多数説であり、いろいろと問題にされているところである。

しかし、未成年者後見の制度は、身分法上の包括的権利義務を有する親権制度の延長であつて、その補充あるいは代用たる性格を有するにすぎないものと解され、両者を別個の制度としている民法の趣旨からいつて、未成年子の養育監護はすべて本能的な自然の愛情によってなされる親権者を先ず予定し、かかる愛情を期待し得ない後見人の地位には種々の監督規定がおかれ、その適正化がはかられている。

もともと、両親が生存しているのに単独親権者になるのは、例外的に父母の一方の親権喪失または辞任による場合を除いて、婚姻関係にないため、共同親権行使が事実上できないからであつて、他方が親権者として不適当である場合にかぎらない。

したがつて、再婚その他の事情から未成年子と生活を共にしておらない場合はともかくとして、未成年子と共同生活体にありながら、やむをえず親権者の地位にない父または母が実子の後見人になるよりは、本来の親権として、その

養育監護に当りたいと願うのは一般の国民感情として当然のことであり，この心情は全く無理からぬ情理として，何人にもこれを理解されうるところである。

そこで，かかる場合の是非についてはあくまで未成年子の利益を中心にして合目的に判断されなければならないが，前記親権の喪失または辞任の場合のように取消しまたは回復により再び親権者になりうる規定がないため，当然にそれは認められないわけであるが，本件についてはまだ後見人の選任がなされておらず，また離婚により形式上は親権者たる地位を失つたにすぎないXが婚姻中となんら変ることなく事件本人らの成長のみを生き甲斐とし，親権者の死亡後は前記養育費の支給がなくなつたため，さらに苦しくなつた経済状態に耐え，なお一層強い決意のもとに事件本人らの養育監護に当つているので，Xが親権者として最も適任であり，かつ事件本人らの利益にも必要欠くべからざるものと考えられるから，本件申立を相当と認め，民法第819条第6項により」親権者をXに変更す。

つぎに，その法理論的問題点を考えたい。

(1) **学 説 論**

要約すると，つぎの3つの立場がある。第1説は通説の親権者変更の消極説であり，第2説は，もちろん積極説である[62]。そして，第3説として，指定または選定の後見人の出現前に限り，変更を許してよい，という制限的立場もみられる[63]。

(a) 消 極 説

その論拠は，つぎのように述べられる。それは，要するに，親権者と定められた父母の一方が死亡し，またはその他の事由によって親権を失った場合には，他の一方が生存中であっても突然に親権者となるのではなく，親権者のない場合として後見が開始すると解すべきであるとされる。もっとも後見を開始させないためには，親権者の当然変更を認めなければならないが，しかし親権者でなかった父または母を，単独親権者の死亡によって突然親権者とするのは種々の点で不都合を来す，と理由づけられる。

(b) 積 極 説

その根拠は，学説を整理するとつぎのように要約されると思われる。とくに第1説では法理的立場からこの見解をとり，直接の論点として，後見開始後といえども，これは父母共同親権の原則の適用から全く除外されたものではなく，親権行使の原則の適用によるものにすぎないから，親権者変更審判によるならば，親権は許されなければならないとされ，その補足的理由として，親権剥奪または親権辞退の場合も，後見開始後に親権回復の余地があるのに，そうした理由もなく，ただ共同行使を適当としないという理由から，後見開始後に親権回復が許されないことの不当を法理的に説いている。また第2説は，父（または母）を後見人に選べば，父（または母）を親権者に定めたと事実上同じことになるとしても，後見人としてではなく，親権者として

---

62) 於保「父母の共同親権と親権の行使者」戸籍制度80年記念身分法と戸籍191頁，島津・家族法入門268頁など。なお糟谷忠男「単独親権者死亡後の親権者変更の許否について」最高裁判所事務局編・前掲書237頁以下。この論文では実体法のみでなく，手続法的考察をも加えた。
63) 我妻・前掲書325頁。また小石「前掲論文」前掲家族法大系Ⅴ 55頁。

子の監護に当りたいという父（または母）の感情的利益は尊重すべきだとされる。

(c) 制限的肯定説

つぎにこの立場は制限的ながら積極説を支持する。この立場は，死亡した親権者が後見人を指定せず，かつ別の後見人が選任される前であることを要すると説く。民法の趣旨（838条1号，819条6号）と，父または母の監護教育の職分は，できるだけ親権者として行使させることが国民感情に適する，との立場を折衷的にとらえた。

(d) つぎに，こうしたケースでは，家庭裁判所の弾力的解決が望まれるとされつつも，他方を親権者とする解釈に従っておこうとされる見解もある。適当な親権者があるにかかわらず直ちに後見が開始するのは問題であり，かりに不都合な場合でも親権喪失以外に親権の辞退も認めてあるからそれほど不都合は起らない，というのである[64]（私見は後述のように結論的にはこの立場にちかい）。

(2) 私　　見

さて，右の学説のうち，どの学説が支持されるべきか。わたくしは，結論的には，右の(d)説を妥当と考える。そして，この積極説も慎重に取り扱われるべきである。その理由はつぎのとおりである。

(i) 第1に，根本的には後見制度そのものへの疑問がある。「親権から後見へ」の理論のまえに，その立場から親権それ自体をもっと法理的に徹底的に究明すべきものと考えたい。後見制度は，親の地位を法的に見失わせかねないからである（このことは，親義務の立場から考えても自然であろうと考える。後見制度は単なる法形式理論であってはならない）。

(ii) わたくしが最も懸念する点は，「親権から後見へ」理論において，後見開始論を説く前に，まず親権者でない他の親は法的にどう考えられるのかについて，まず解明するのが根本であるといいたい。他人が後見人として当然生存している親を無視して子を監護するといいきっていいのか。すなわち，この立場からいえば，法理上他方の親は当然親権者となるが，子の立場を考えて，それは本来家庭裁判所の審判事項であるべく，またケースによっては，後見人選任とされるべく，結局は子の福祉から弾力的な立場が考えられることになろう。

(iii) また，学説の説く国民感情論も無視できないが慎重に取り扱われるべきである。その国民感情論においては，まず親権が子のためにあることの理解が根本的に滲透すべきことが前提でなけれはならない。この意味では，他方の親を後見人として選任する理論は，あまりに法技術論であって，本質的に問題であるということであろう。ともかく，この問題も今後も子の福祉の立場から根本的に論議される必要がありそうである。

3　審判による親権者の変更

一般に，父母の一方の単独親権の場合（離婚による，非嫡出子のケース），子の利益のた

---

64)　青山道夫・家族法論193頁。

第3章　現行民法の親権者

めに必要があると認められるときは，家庭裁判所は，子の親族の請求によって，親権者を他の一方に変更することができる（819条6項，家審9条1項乙類7号）。この問題に関する判例は数多いが，わたくしは，【28】が，抽象的には子の意思はもとより，一切の事情が冷静かつ客観的な視野のもとに判断されるべきとした点で，基本的立場を説いたものとして注目したい。また【31】も実務的に注目される。その代表的具体例は，後述する。もちろん却下例も注目されるべきである。

【28】　大阪高決32・5・2家月9・5・59

［事実］　抗告人（X）と被抗告人（Y）とは，昭和31年〇月〇日協議離婚し，事件本人（A）の親権者をXと定めた。YはXを相手方とし，親権者変更の審判を申し立て，審判の結果Yに親権者変更の審判があった。Yは現在飲食店に仲居奉公し仕事も不規則であり，子の養育の環境は最悪である。すなわち，母のもとでくらすことが子の幸福とはいえ，右の事情では，Xのもとで育成されろことがAのため適切かつ幸福と考える。かくて，Yに親権者変更を認めた審判は不服である。

［判旨］　「しかしながら，原審が抗告人の主張するように抗告人である父の子に対する愛情と相手方，母のそれとを偏頗に衡量し又は母Bの現在の職業を度外視したのではなく，右双方の生活状態，未成年者A本人の学業等諸般の事情よりして右未成年者本人の利益のために抗告人の親権を廃止し相手方母を親権者として監護教育の任に当らしめる必要あるものと判断したものであることが記録により窺われ，当審における職権調査の結果によるも原審判は相当であって，なんら抗告人主張の瑕疵のないことを認めるに足りる。」

【29】　福島家審平2・1・25家月42・8・74

［事実］　単独親権者であった父が死亡した後の親権者変更申立事件において，母を親権者に指定するか，後見人を選任するかの定めは家庭裁判所の裁量によるとした。

［判旨］　「本件はいわゆる「単独親権者死亡後の親権者変更申立事件」であり，本来の親権者の指定・変更とは性質を異にするものであって，その実体面，手続面において種々の考え方がなされるところであるが，単独親権者の死亡後は親権者，後見人未定の状態となり，そのいずれにするかは家庭裁判所の裁量によって定まるものと解するを相当とする。（中略）こうした事情を考慮すると，申立人を親権者として不適であるとして排斥する理由は見られず，事件本人両名の福祉のためには，事件本人両名の親権者をいずれも母親である申立人と定めるのが相当である。」

(1)　親権者変更の却下例

【30】は，当事者双方の生活環境から現状維持を妥当とした。【31】は，子が幼児であることが現状維持の理由とされた。【32】では，経済力において優る申立人の親権者変更申立てが棄却された（申立人は，昭和42年1月から或る巡視艇の機械長で，建坪17坪の自宅をもち，月額1万位の預金もでき，物質的不自由がない）。また【33】は，親権者の父が再婚したことが，必ずしも親権者変更の事由にならないとした。【34】は，親権者（父）が出稼中のため養護施設に収容している子につき，

母からの親権変更申立てを却下した。【35】は，未成年者が事実上他家の養子として幸福であるからとして母の親権変更申立てを却下した。【36】は，無断届出の親権者指定を追認しながら，その直後に親権者変更の申立てをし，それが却下された事例である。

また，親権者を変更しても子の利益を確保できるかという観点から判断されるべきであるが，【37】は新たに親権者を定めることは相当でなく，親権者変更の申立ては理由がないとした。

【30】 高松高決昭46・12・24 家月24・12・40, 判タ288・404

［事実］【14】と同一判例。【14】では子の引渡を問題としたが，この判例では親権者変更も問題とされている。

［判旨］「親権を変更するか否かは，子供の意思はもとより，親子間の愛情やその他一切の事情を斟酌し，もっぱら子の利益を主眼として判断すべきところ，前記認定の如き諸事情からすれば，原審判のなされた昭和45年5月27日当時においてはともかく，現在においては，事件本人の利益の点からみて，親権者を抗告人から相手方に変更する必要はないものというべく，また事件本人を抗告人から相手方に引渡すことは相当でないといわなければならない。」

【31】 東京高決昭49・6・25 判時750・55

［事実］ X（夫・申立人，抗告人）とY（妻・相手方，被抗告人）とは昭和45年2月婚姻をし，Xの実家で両親と同居生活を送り，その間同年12月に事件本人Aが出生した。その後，昭和46年10月YはAを伴い実家に帰り，翌昭和47年12月協議離婚に至り，その際協議によりYをAの親権者と定めた。ところがその直後の昭和48年1月YはAの親権者としてXに対し，扶養料請求の調停を申し立て，調停不調のため審判に移行したが，Xは引取扶養の主張を強めて本件親権者変更の申立てに及んだものである。

［判旨］「……幼児（満3歳）の健全な成長に生活費のみではなく情操面も重視すべきであるから，……相手方はたとえ扶養能力の点で抗告人に多少劣っていても，常時事件本人と接触して監護教育し得る利点があることを考慮すれば，母である相手方に事件本人の監護教育を不適当とし，ひいて親権者の変更を必要とする特別の事情があるものとは到底認め難い。」

【32】 鳥取家米子支審昭43・9・17 家月21・1・112, 判タ239・306

［事実］ 申立人Xと相手方Yは，昭和37年○月○日協議離婚し，その際長男A・長女Bの親権者をYと定めた。XがYを親権者に同意した理由は，両名の子がまだ幼なく相当な時期まで母たるYのもとにおいた方がよいと思い，またYと復縁する可能性も考慮したことによる。その後Xは，現在の妻と再婚し，○○市に自宅を新築し，右両名の子を精神的・物質的にも引き取り態勢を整えた。これに対し，右両名を手許において監護しているYの生活状態・環境は，右両名にとって好ましくはないとみられる。ちなみにYは，料亭の下働きの女中で大略1万5千円，外の収入は，生活保護法の生活扶助8,500円の支給があるのみで，X側に比較し，Yは生計の苦しいことは事実である。

［判旨］「すでに6年の長きにわたりYの膝下にあってその監護教育のもとに物質的に余裕のある生活ではないが肉親のみの親子3人苦楽を

共にし，Yに対する信頼と強い情愛に結ばれて安定和合した家族関係を構成しその中にはぐくまれて来たA及びBについて，その親権者をXに変更し，その結果，A等がYのもとからXの家庭に移ってXの家族関係の中でXの監護教育に服することとなることは，A及びBのいずれにとっても果して現状に比しその福祉をより高める所以であるか疑問の存するところであり，その必要性を認めることはできないし，また，特にA及びBもしくはそのいずれかの監護者は従前どおりYとし，監護権を除いた親権者をXに変更するという措置を採るべき特段の必要も認めることはできない。」

【33】 大阪高決昭27・9・27 家月5・4・53

[事実] 申立人X（妻）と相手方Y（夫）との間に事件本人Aが生まれたが，その後両者は性格の相違を理由に離婚し，Yが親権者となる旨の審判がなされた。これに対し，XはYが新しい家庭をもち，多数の子供をかかえ，また自身もAと生活していけるだけの収入を得ているとして，抗告。抗告棄却。

[判旨]「抗告人が相手方と協議離婚し事件本人が相手方夫婦の慈愛の下に異母兄弟妹等と仲よく幸福な家庭生活を営んでいること前認定の通りであるから，事件本人が継母に育てられていることは止むを得ないところであり，又事件本人をその膝下に愛育し得ない抗告人の苦痛は察するに余りあるけれども，相手方と協議離婚した抗告人としてはこれを忍受する外はないのであって，右の如き諸事由はいまだ事件本人の親権者を抗告人に変更するの事由となすに足らない。」

【34】 旭川家審昭46・2・20 家月23・11-12・93，判タ275・382

[事実] 申立人X（妻）と相手方Y（夫）は離婚後2女の事件本人ABをもうけたが，Xの不貞によりXYは離婚し，Yが親権者となった。ところが，Yは出稼のためABを監護教育することができず，ABは養護施設に預けられることになった。一方，Xは第三者Cと婚姻したが，子供ができずABを引き取る気持になって本件申立てに及んだ。Cには定職がなく，また職を得る気もない旨認定されている。YはXの過去の行動からみてABの養育をXに委ねることは不適当であるとして親権者の変更には異議を述べている。

[判旨]「Yは，単身で出稼中のため，事件本人を養護施設に預けており，当分は自らその監護養育にあたることができない状態であって，必ずしも事件本人の親権者として適当であるとはいえないことが認められるけれども，他方，XもYの留守中にCと情を通じて事件本人を放置したまま家出したもので，その後Cと結婚して同居生活をしているものの，Cが自らの力で生活の基礎を確立させようとする意欲に乏しく，むしろXの収入に頼って生活している状況であるため，Xは，飲食店での深夜の勤務をして生計を維持しており，事件本人を引取つても到底自らの手で十分な監護養育をすることは不可能な状態であること，しかもXの事件本人引取の動機は，Cとの円満な夫婦生活の維持を主たる目的とし，その手段とする利己的な考え方から出たもので，必ずしも事件本人に対する愛情からその幸福を願うためとは認め難いこと，又事件本人も養護施設における生活に適応して姉のBと2人仲良く快活に暮しており，事件本人のみを姉のBから引離してX方に引取らせることが，その福祉をはかるために適当であるといえ

るかは甚だ疑問であることなどが認められ，これらの事情によれば，事件本人をXに引取らせてその監護養育に委ねることが，現状のまま事件本人を養護施設に収容して監護養育を続ける場合に比して，より一層事件本人の福祉，幸福をはかることになるものとは考えられない。

従って事件本人の親権者をYからXに変更する必要はないものと認められる。」

【35】 青森家五所川原支審昭39・3・27家月16・6・178

[事実] 事件本人（A）は，申立人（X）と相手方（Y）の長女として，昭和37年○月○日出生した。その後間もなく，Aの親権者をYと定めてXYは協議離婚した。Aは乳児であったからXが引取り養育するつもりでいたが，Yが応じないため，やむをえずAをYに引渡した。Xは，その後，昭和38年○頃月YがAを事実上他家に養子にやっていることを知ったので，Aを他人の家で養育するよりは，Xのもとで養育することを幸福と思い本申立ておよんだ。ちなみに，Yは，母所有の家屋1棟，宅地70坪位に居住し，○○バス営業所に勤務1カ月2万3千円の収入を得，不足額は母の貸間による収入によって補っている。

[判旨]「案ずるにXの母として子を思う心情は推察するに難くないが，Xの現在の前記境遇からみると，女手1人で事件本人を養育することは至難のことと察せられ，現在甲夫婦がわが子のように可愛がつて養育していることをXの兄Bも裁判所と共に同人夫婦方を訪れた際十分確認し，同人ならびにXの母Cらは，事件本人が現在のまま甲夫婦に養育されて行くことを望み，Xが事件本人を引き取ることには賛成していない状態にもあるので，Xの本件申立を許容することは，必ずしも事件本人の利益になるとは限らないと思料される。よって本件の申立に対しては，事件本人の親権者を，Xに変更しなければならない相当の理由が見当らない」

【36】 大阪家審昭45・10・22家月23・6・67，判タ265・303

[事実] 申立人X女は，相手方Y男と昭和34年頃から同棲，昭和37年事件本人A出生，昭和40年3月○日婚姻届出した。Yは贓物故買その他で昭和41年○月から同43年○月まで服役したが，Xは昭和42年末頃から現在の内縁の夫Zと情交を結んだ。Yの出所後3日位たって，YはZが現われたことからX・Z間の関係を知った。Xの母とZを交えて話し合った結果，X・Yは別れることで話がついたが，YはAを離さないといったので，Xは諦めた。その後昭和43年末頃Aが風呂に行った時に，XがYに無断で連れ去った。離婚届についてはYは拒否し続けている。ところがAが小学校に入学する昭和44年○月頃，XがAを「返す」といって連れてきたので受け取り，小学校に入学させた。その際離婚届を出すとして，Xの印を借り離婚届を作成して届け出た。親権者は，右の事情で当然Yであると思って，右の離婚届書に記入した（XはYを親権者とするといったのではない）。その後YはAの世話を十分みられなかったので，Xの母がこれを助けていたが，XからAを引き取るといったところ，Yは「AをXの所で学校にやってよい。自分は嫁さんをもらうのでAとは養親の仲となるから」といって籍はぬかない（親権者変更しないの意）が，Aを引き取ることに同意したので，昭和44年○月頃Xのもとへ引き取り現在に至っている。昭和44年○月XからYに対し親権者変更の裁判申立て，調停に付され（昭和44年（家イ）2712号親権者変更事件として進められ，XはAの親権者を父である相手

第3章　現行民法の親権者

方Yであることを確認する，との調停成立。Xの代理人は，「調停成立の見込なく調停打切りとすることになったので，本申立代理人が一寸他の裁判所へ行った間にXに親権者を現状のままでおくよう強制（Xの言葉）して親権者を変更しないことを合意する旨の調停を成立させた」と主張する。

［判旨］「父母離婚の際子の親権者について協議がないままその子の親権者を父であるYとして届出がなされたので，子の養育にあたつている母から親権者変更の申立がなされ，調停において，子の親権者はY（父）であることを確認したにもかかわらず，その直後に再度親権者変更の申立がなされても，親権者を変更すべき事情の変更がないかぎり，その申立は排斥を免れない。」

【37】　東京高決平6・4・15家月47・8・39

［事実］　離婚によって母Xが単独親権者となったが，その後Xの死亡により，後見が開始した。その場合，父Yが申し立てた親権者変更の申立ての許否は，民法819条6項が規定する子の利益の必要性の有無，具体的には新たに親権者となる親が後見人と同様またはそれ以上の監護養育適格者であり，かつ親権者を変更しても子の利益が確保できるか否かという観点から判断すべきであるが，本件においては，新たに親権者を定めることは相当ではなく，親権者変更の申立ては理由がない。

［判旨］「本件のような親権者変更申立については，民法819条6項を準用すべきものと解されるが，右申立を許可すべきか否かは，同項が規定する子の利益の必要性の有無によって判断することになり，具体的には，新たに親権者となる親が後見人と同等又はそれ以上の監護養育適格者であり，かつ親権者を変更しても子の利益が確保できるか否かという観点から判断すべきである。

本件についてこれを見るに，現在未成年者は抗告人夫婦の元でその愛情に育まれた環境の中で安定した生活を送っている。

他方，相手方は未成年者に対する愛情を持ってはいるが，前記のように，未成年者に面会したり，その愛情を示す行為をしておらず，その生活態度に問題がないわけでもない。しかも相手方が未成年者を引き取った場合，同人の実際の養育は相手方の父母に頼らざるを得ないところ，右父母は未成年者とは殆ど会っていないし，未成年者に対する愛情は未知数である。

このように，母を失った悲しみをようやく克服しつつあるかに見える未成年者を，今新たに，物心がついてから殆ど生活を共にしたことのない相手方及びその父母の養育に委ねることは，未成年者にとって大きな苦痛をもたらし，その利益に合致しないばかりか，新たな環境に適応できないおそれのある本件においては，回復が困難な精神的打撃を未成年者に与える可能性がある（原審の家庭裁判所調査官は，この点を考慮し，相手方に対し，本件の結果如何にかかわらず，未成年者との面接，交流をするよう勧めたが，相手方はこれに応じようとしない。）。

以上のとおり，本件において新たに親権者を定めることは相当でなく，相手方の本件親権者変更の申立は理由がない」

(2)　親権者変更の肯定例

【38】は，子の福祉の立場から，分属していた親権・監護権を統一した。【39】は，非行歴のある事件本人が，親権者の父に寄りつかず，母方祖母のもとでやや落ちついた生活を送っている場合，右祖母に最も協力できる地位にある母親に親権者に変更した。【40】

は，親権者が子の養育を第三者に委託してある場合，母に養育能力あることから親権者を母に変更した。【41】は，18歳の子の意思による親権者変更を認めた。【42】では，2児の親権者を父としたが，2児がそれぞれ分れて居住している場合に，2児の親権者を母とした。

【38】　大阪家審昭50・1・16 家月27・11・56

[事実]　申立人X（妻）と相手方Y（夫）は婚姻中事件本人Aをもうけたが，Aの親権者をY，監護者をXと定めて調停離婚した。ところが，Yは離婚後婚姻し，1子をもうけ，Aに対しては疎遠になり養育費もとどこおりがちであった。また，Yは親権者として扶養手当を受給し，租税面でも親権者ということで利益をうけている。このような事情において，Xが親権者変更の申立てをしたのが本件である。

[判旨]　「父母の離婚に際して，子供の親権者と監護者を父母その他別異の人に分属せしめることは，民法766条，819条により認められるところであり，監護者制度自体その合理性を有効に発揮し得る場合のあることは疑問のないところである。しかしながら，子の福祉の観点からするならば，親権者と監護者が父母に分属しているという状態は通常最善のものとはいい難い。特に，親権者，監護者の定めが，協議或いは調停によつてなされるとき，父母双方の子供に対する愛情を満足させるために，親権の本質を充分理解せず，家父長的権利の一種として親権に固執するため等，離婚の成立とのかね合いからの，やむを得ない妥協的措置として，親権者と監護者を父母に分属せしめる合意が成立する場合が多々ある。離婚後の父母に，親権と監護権の円滑な行使は期待し難く，結局は子の福祉に反する結果を惹起する。従つて，特段の事情のない限り，監護適格者に監護はもとより親権を行使せしめるのが妥当であり，特段の事情のないまま，父母に親権と監護権を分属せしめて離婚したような場合は，早晩にその一本化をはかり，子の福祉を万全のものとすべきであり，分属による弊害がでてきているようなときはなおさらのことである。これを本件についてみるに，上記認定事実によると，XとYは離婚に際し，ともに親権者となることを希望したが，事件本人の親権者と監護者を父母に分属せしめる何らの合理性のないまま妥協的措置としてXが監護者となり，Yが親権者となつたものであり，Xは事件本人の監護者として適格性を有し，親権者としての適格性に疑問をさしはさむ資料も全く存せず，既に結婚し1子を儲けているYに監護者を変更しなければならない必要性も有効性も全くうかがい得ないところである。そうすると，Yが親権者としての適格性を有するか否かということではなく，Xが監護者としての適格性を有し，現に事件本人を適正に監護しており，監護者を変更しなければならないような事情もなく，親権者として適格性をも有している以上，子の福祉の観点から監護者であるXに親権者を変更する必要性があるものといい得るところである。Xが親権者でないことから事件本人の氏の問題で同居生活上の支障をきたし，現実の問題として扶養手当，税金，健康保険，母子関係福祉で不利益を蒙むつている事実は分属の弊害であることは明らかである。そして，Yが親権者変更について述べる反対の理由のことごとくは不合理なものか，子の福祉の観点から譲歩せざるを得ないものである。即ち，子の氏の問題については，氏を家制度の残存としての意識のあらわれとしての面が強く，同居生活上の支障に思いを至さない独断といわねばならず，

事件本人の親権者であることの心のはりの問題は、子の福祉の観点から譲歩せざるを得ないところであり、事件本人自体に判断させるべきという主張は、現時点で父母のいずれに親権を負担させるかという要急の問題を回避するにすぎないものである。以上の諸事情を考慮するならば、事件本人の親権者を父であるYから、母であるXに変更することが相当といわなければならない。」

【39】 釧路家審昭41・11・29家月19・7・89、判タ219・200

　［事実］　申立人Xと相手方Yは協議離婚の際、両人の間の4人の未成年の子を、協議のうえ、長男A、3男C（本件の事件本人）の親権者を父であるY、2男B、長女Dの親権者を母であるXと定めた。Bを除く3名は、一時母の許に同居し、Y再婚の機会に、CはYの許に引き取られたものの、無断家出や怠学等が重なったため、X主張のとおりAと一緒に親権者変更の調停申立となったものである。以上の事実の外に当家庭裁判所は、「㈡、事件本人は右調停手続進行中も家出、怠学のほか窃盗（近所の店から菓子類を万引）の非行を犯すまでになつて、児童相談所に通告されて同所に係属するに至り、結局、同相談所を中心としてYの内妻Eや事件本人の在学していた○○中学校の担任教諭、およびX等の意向により昭和41年7月21日、事件本人を目梨郡○○町のXの祖母方に預けたものであること。㈢、この間においてYは、昭和38年に川上某女と婚姻したものの、間もなく離婚し、昭和39年頃から子供2人を連れてEと同棲従前どおり○○○運輸の作業員として稼働し、漁網修理工として働らく内妻Eとも円満にいつており事件本人の養育についても右Eに一任し、同女も亦事件本人に対して偏見を抱くようなことはなかつたこと、㈣、しかし、事件本人は前記の如くY宅に落着かなかつたため、右Eも事件本人のためであるなら同人をXに引渡しても良いとさえ考えるに至つたこと、㈤、他方、XはYと離婚後、昭和38年9月Fと婚姻して釧路市○町に世帯をもち、Xが親権者となつている2男B、長女Dを右Fの養子として養育してきたが、前記の如く、非行性を帯びた事件本人が度々X宅を訪れたりしたため、同人の将来を案じ昭和41年7月21日事件本人を○○町のXの祖母方に預けて監護方を依頼し現在に至つていること、㈥、事件本人は上記の如く○○町○町の祖母方に預けられ中学校に通うかたわら祖母方の手伝をしているが、同家には兄Aも同居して嫁働いていて落着いた生活を送れるようになつたことおよび通学している学校は右祖母宅のすぐ近くであり、且つ、事件本人の転校事情も充分に学校当局に打明けているため、学校側の充分な監督が期待される状況にあること、㈦、事件本人の祖母G方は祖母Gが健在で、概ね同女の采配によって家業の漁業や家庭生活が動かされている状況で、事件本人と同年輩の孫達もおり、一応右Gの統制に服していること、および、右G宅は○○市街から約10キロメートルも離れた辺鄙な土地で、事件本人1名のみが単独行動をとりにくい環境にあり、且つ、事件本人も該環境に適応し落着いた生活を送っていること」を認め次のように審判を下した。

　［判旨］「そうであるから、事件本人を現在の状態に置くことが最も適切であると思料されるほか、この点について、上記E（親権者である相手方の内妻で事実上事件本人の養育監護にあたっていたもの）もやむを得ないものと了解していることを前提とすれば、事件本人が生活している前記甲方に最も協力できる地位にある者は、Xというほかなく（夏休みなどはXも祖母の許で手伝つたりしている）、Yでは適切な協力

を期待することは全く不可能に近い状況にあるということができる。だとすれば，この際事件本人の親権者をYからXに変更することが，事件本人の年齢等を考慮すれば，最も必要適切な措置であると解せられる」

【40】 東京高決昭30・9・6高民集8・7・467，家月8・7・51

[事実] 抗告人Xと被抗告人Yとは協議離婚し，事件本人Aの親権者はYである。しかし，Yは1日も監護養育せず，Aを引き取るや直ちに訴外B・C夫婦のもとに事実上の養子に出した。すなわち，Yの親権者は名ばかりである。他方Xの父は経済的に中の上の生活をなし，かつ家庭も円満である。YがAを事実上の養子として出すことを知ると，直ちにBに対しAの引取方を交渉し，ここに1年余半その取戻方に奔走している。原審判は，Xが法，理智的にすぎ，積極性に乏しい。そして，事実上の養子は，その後法定の手続をすれば正式に養子となることを暗示し，親権者を変更しないほうが，Aのためであるとしたようである（抗告理由）。

[判旨]「事件本人の父であるYは未だかつて事件本人の養育をなさず，事件本人に対する親権の行使をなすことなく，事件本人を第三者夫婦をして養育せしめ，Yの代諾によつて将来これと養子縁組をなすことによつて事件本人に対する親権行使の責任が終局的になくなることを期待しているのに反し母たるXは，事件本人の親権者となつてこれが養育をなし，実母の手によつてその幸福をさらに増し加えることを切に願うのみならず，事件本人の監護教育の能力をも十分有するものと認められる。このような状況の下において，事件本人が将来父たるYの代諾によつて養子縁組をなすまで現状のままに放置するよりは，むしろ今直ちにXを事件本人の親権者として，事件本人の将来の運命を母たるXの手によつて決定せしめることが事件本人の利益であると考える。」

【41】 東京高決昭39・5・30家月16・6・125，判タ172・251

[事実] 抗告人Xは現在大分市に住み，事件本人Aらは8年近く，被抗告人Yと同居し，安定した生活を営んでいる。すなわち，Xの親権者としての活動は不可能ないし困難に近い。またAはYの現在の夫Cを父として慕い，今後Xと生活を共にする意思は全くない。

[判旨]「Xは現在大分市に居住しているのに対し，事件本人である未成年者等は8年近く東京に居住し，それぞれ通学して，ほぼ安定した生活を営んでおり，Xの親権者としての活動は事実上不可能ないし著しく困難な状態に在ること，未成年者らはここ数年来いずれもXの氏である「甲」を使用し，Yの夫Cを父として慕い，今後Xと生活を共にする意思は全くなく，Xが親権者であることはなにかと生活に不便であるから親権者をYに変更することを希望していること及びY及びCは学歴収入その他の生活環境の点において，また未成年者らに対する愛情の点において決してXに劣るものでないこと等の諸事実を十分に認めることができる。親権は未成年者の利益のために行使さるべきものであり，上記認定の諸般の事情のもとにおいては，未成年者の意思を尊重し，その生活に不便が生じないように親権者を定めることが，未成年者の福祉にそうものと考えられるから，本件においては未成年者であるA及びBの親権者をXからYに変更するのを相当とし，右と同旨の原審判は正当というべきである。」

第3章　現行民法の親権者

【42】　大阪家審昭46・4・27家月24・4・199,
　　　　判タ278・397

[事実]　申立人X（母）と相手方Y（父）とは，2児の親権者をYと定め，Yにおいて監護養育することとして離婚した。ところが，Yが2児を自ら監護養育していないことが明らかとなり，Xはさきに長男を引取り，ついでYの父らのもとで養育されている2男について監護上不安があるとして，同人をも引取りたいとして，親権者変更を申し立てた。これに対し，YはXがいまになって親権者の変更を求めるのは自己本位に過ぎ，Xの実家の家庭事情のことを考えても，2児をXに託す気になれないと争った。

[判旨]　「Xが離婚のさい，監護能力も十分でないYに2児を引渡しながら，その後間なしに子を引取つた経緯は，Xの子を思う母としての心情を考慮しても，やや恣意的で穏当を欠くといわなければならない。しかし，離婚後の2児の監護状況と双方の生活状況，2児の監護に対する配慮，意欲，将来の具体的な監護計画，近親者の生活事情および2児の監護に対する考えその他をし細に検討してみると，2男が祖父母のもとでさし当つて順調に成育しているとしても，祖父の婚外女性や祖母のもとで生活しているのは，なんといつても幼児期にある子の監護環境としては変則的で不安定であり，またYが近い将来2児の監護に自ら当ることを繰りかえし主張しているけれども，その家族生活の実情にてらし，実現の可能性に乏しく，ことに乳幼児をもつY配偶者に先妻の子である2男の監護を期待することは適切でなく，ひるがえつて，2児がその年齢からみても兄弟としてともに肉親の母の監護の手を要する大切な時期にある事情（幼少期の児童にとつて，とくに母との肌を接しての監護養育関係，いわゆるスキンシップ的関係が人格形成上極めて重要であること）は重視すべきであり，それにXの生活の現況とくに母としての監護の能力・意欲，さきに引取つた長男の教育に対する適切な配慮，近親者の2児の監護に寄せる経済的精神的援助その他本件に現われた諸般の事情をあわせ考えると，2男を，長男とともに同一の生活環境のもとで生みの母であるXの監護に委ねることが，幼児期にある2児の人格形成のためになによりも必要であり，またその福祉の向上に資するものといわなければならない。」

(3)　第三者の監護者指定

親権者の指定，変更の審判，調停事件について，中間的に親権者の他に監護者の指定するケースもある。とくに第三者を監護者とした場合が問題となる（後述）。この第三者指定は，親権者が子の養育を祖父母，兄弟たちに委託するのとは明らかに性格が異なる。親権者の変更に際し第三者を監護者と定めた事例には，つぎのようなものがある。【43】は，本人の病気の治癒まで一時的に監護者を第三者とした。また【44】は，親権者と定められた父が行方不明，母は経済的に不安定であるところから，母方伯母が子の監護者とされた。もともと，監護者は第三者でもよいかについては，その性格上賛・否両論があり，通説は積極的に解す。そして，第三者とは，個人のほか，託児所など児童福祉施設などでもよいとされる[65]。

---

65)　神谷・島津編前掲書156頁。

【43】 東京家審昭42・6・15家月20・1・92，判タ228・236

[事実] 申立人Xと相手方Yとは，昭和31年初め頃から事実上の夫婦として同棲し，昭32年1月29日正式に婚姻届出を了し，その間に同年2月3日事件本人でもある長女Aおよび2女Bの双生児をもうけたのであるが，夫婦間の折合いが次第に円満を欠くようになり，昭和36年6月6日当裁判所において調停離婚をし，その際，A・B両名の親権者をいずれもYと定めた。さらに「2 XはYと離婚した後，昭和35年6月頃渡仏し，昭和38年頃から肩書住所において日本料理店を経営するようになり，今日に至つていること。

3 Xは，Yとの調停離婚の際，事件本人両名の親権者をいずれもYと定めることに同意したのであるが，この同意をするに当り，将来，事件本人両名を引き取ることができる状態になつた場合には，親権者を変更することを希望し，調停条項にも「Xが2児を引き取れる状態に至つたときは，親権者変更につき，当事者双方は誠意をもつて協議する」旨がとくに付記されたのであつて，Xは前記の如く日本料理店の経営が良好で，事件本人両名を引き取ることが可能になつたので，いずれ事件本人両名を引き取るため，親権者変更の申立てをする積りでいたこと。

4 Yは，Xと離婚後，その母Cおよび離婚後事実上の妻として同棲し，昭和41年5月31日正式に婚姻届出を了した現在の妻Dとともに事件本人両名を監護養育してきたのであるが，昭和41年4月頃から事件本人Bがリューマチ熱から心臓弁膜閉鎖不全症，心臓弁膜閉塞症にかかり，長期間入院治療を要するところそのためには多額の費用を要することもあり，その処置に困惑していたこと。

5 Xは，人を介して事件本人Bの右病状を聴き，医者を開業している参加人の実兄Eに対し，事件本人Bの入院治療のため，Yに交渉して事件本人両名を引き取ることを依頼したこと。

6 参加人Eは，Xより右依頼により事件本人両名の引取りをYに交渉したところ，Yはこれを承諾し，昭和41年12月26日事件本人両名を同参加人に引き渡し，以来，事件本人両名は同参加人によつて監護養育されていること。

7 Yは，参加人丙よりの話で事件本人Bの疾病を治療するためと，同参加人が事件本人両名を養子とするものであるとの了解の下に事件本人両名を同参加人に引き渡したのであるが，実際にはXは，事件本人両名の親権者をYからXに変更することをYが了承するならば，事件本人Bの疾病の治療を参加人Eに依頼し，その疾病の治療の間は事件本人両名の監護養育を同参加人に委ね疾病の治癒後は速やかに自己の手許に引き取る積りでいること。

8 前記の如くXとYとの間に事件本人両名の今後の監護について考え方の相違があるが，審判手続中にXの実父Fおよび参加人EとYとが話し合つた結果，Yは何よりも事件本人Bの疾病の治療が先決問題であるので，X側の如何なる希望条件にも応ずるとの意向を表明したこと。

9 事件本人両名は双生児であるので，事件本人Bの疾病が治癒して，渡仏可能にならない限り，Xが事件本人両名を引き取ることはできないと考えられ，事件本人Bの現在の病状から見て当分の間事件本人両名は参加人Eによつて監護養育される必要があること。」との事実経過および事実が，調査官の調査報告書ならびに参考人およびYに対する各審問の結果認められるとして，XがYよりA・Bの親権者をXに変更すべき申立てに対し次の通り審判した。

[判旨]「以上認定した事実によれば，事件本人両名の福祉のためには，事件本人両名の親権

者をいずれもYよりXに変更し、事件本人Bの前記疾病が治癒する迄の間、参加人Eを事件本人両名の監護者と定め、現在通り同人によつて事件本人両名の監護養育が行なわれるようにすることが必要であると考えられる。」

【44】 大阪家審昭49・2・13家月26・10・68

[事実] 申立人X（母）と相手方Y（父）は2児をもうけたが、Yの不貞行為により夫婦関係が破綻し、Yを親権者として調停離婚した。その後、2児はYと後妻に養育されていたが、Yが家出し、後妻Cの生活が困窮したため、Xの姉が2児を引き取り養育していた。Xが、将来生計をたて、2児を引き取りともに生活したいとして親権者の変更を申し立てたのが本件事案である。

[判旨]「1 本件記録添付の関係人らの各戸籍謄本、当家庭裁判所調査官作成の調査報告書及び当裁判所昭和43年〔家イ〕第978号離婚申立事件の記録は総合すると、

(1) XとYは、昭和31年5月ころから同棲生活に入つて昭和34年6月18日に離婚届出をし、その間に昭和34年12月16日に長男Aを、昭和38年10月31日に長女B（事件本人）を、それぞれ儲けたが、Yが現在の妻Cと親密な間柄となつたこと等の理由で夫婦関係が破綻し昭和44年5月27日前記A及び事件本人の親権者をいずれもYと定め、同人がその監護養育にあたることとして、調停離婚したこと、

(2) なお、前記離婚に際し、Xとしては前記2児を引き取り自ら養育することを希望していたが、生活が不安定であつたことから一応親権者をYと定めたものであつて、いずれは引き取る考えでいたこと。

(3) 前記A及び事件本人は、XとYとの夫婦関係が破綻した昭和42年ごろから、Cが昭和42年3月9日にYとの間に儲けたDとともに、Y及び右Cに養育されてきたこと。なお、Y及びCは昭和47年3月10日に婚姻届出をしたこと。

(4) Cは、事件本人らの養育に全力を尽くしてあたつてきて、事件本人の兄Aも比較的同女になついたものの、事件本人とはしつくりしないところがあつたこと。

(5) そうするうちに、Yは、昭和48年6月12日ごろ突然Cにも行き先を告げずに外出し、それ以来今日まで同女にその居所を連結しておらず、右Cは債権者に責められ経済的にも行きづまり、やむなく生活保護を受けることとなつたこと。

(6) そこで、Cは、Xの姉である参加人に対し、事件本人の引き取りを求め、事件本人は昭和48年7月22日参加人に引き取られ、以来参加人に養育されることとなり、同年9月には〇〇小学校から××小学校に転校し、氏も母の氏「斉藤」に事実上変更し、「斉藤B」で同校4年生として通学中であること。

(7) 事件本人は、参加人によくなつき、同女の許で精神的にも安定した生活をしており、参加人の長女E（20歳、短大生、昭和49年3月卒業後は幼稚園保母として就職する予定）、長男F（15歳、中学3年生、昭和49年4月高校進学予定）にも兄姉のようになつき同人らもよく世話をしており、事件本人としては、このまま参加人の許でくらすことを熱望していること、また、参加人としても、事件本人の監護者となつて今後も自分の子同様の気持で養育する考えでいること。

(8) Xは、現在サウナに勤めマッサージ業見習をしているが転職することが多くいまだ生活が安定したものとはいえない状況にあるものの、時々事件本人に面会に行き、定期的ではな

いが事件本人の養育費を参加人に支払うなどしており，いずれは事件本人を引き取つてともに生活することを希望していること。

(9) Yは，その居所を明らかにしておらず生活状況もつまびらかでないが，前記状況からして事件本人を自からの手で養育することは困難であること。

(10) Y及びCは，Xに対してはともかく参加人に対しては信頼をおいており，参加人が監護者となつて事件本人を養育することが同女のためにも良いものと考えており，監護者を参加人，親権者をXとすることに異存はないことが認められる。

2 以上認定の事実およびその他1件記録並びに本件調停（なお，本件は，昭和48年7月19日調停事件として申立てられ，当調停委員会は5回にわたつて期日を開いたが，いずれも相手方の出頭がえられなかつたため同年10月18日不成立となつて審判手続に移行したものである）の経過から認められる事情を総合して考えると，事件本人の親権者をXに変更し，監護者を参加人と定めてその下において養育させるのが，事件本人の幸福に合致するものと判断される。」

(4) 親権者変更の実務的問題点
とくに実務上つぎの問題が考えられる。
(a) 第1に，親権者の指定・変更は，乙類審判事項（家審9条1項）に親しむ。したがって，当然調停の対象となりうる。しかし，民法819条6項の規定は子の利益のための公益的強行規定であるから，親権者変更の申立てをしない旨の調停が成立しても無効である，との判例がある（【45】）。

【45】 大阪高決昭47・1・14家月25・2・76，判タ291・374

[事実] 事件本人（A）は，当初相手方（Y）に養育されていたが，Xは昭和44年〇月親権者を変更しない約束（昭和44年〇月当事者間で親権者の変更を求めない趣旨の調停成立）で，YからAの引渡を受けた。XはAの氏を変更してXと同一にしたいと考えているが，右氏の変更につきYの代諾を得ることを望みえないから，右の考えを実行する手段として本件申立てをした。また，将来Xは訴外Zと結婚した場合，Aを右Zの養子とすることも考えており，それも本件動機の目的となっている。Yは，将来AがZから性的暴力を受けるおそれのあることを親権者変更に同意しない理由の1つにあげている。また，YにAを引き取る気持がない。

[判旨] 「右認定の事実（以下本件事実という。）によれば，事件本人に対する愛情の程度，教育する能力，経済能力，生活環境等を総合した場合，親権者たる適格性において，抗告人と相手方との間にさして優劣の差はないから，抗告人が事件本人を監護教育している現在の状態は是認すべきであり，相手方に事件本人を引取る気持がない点からしても，この状態は恒常性を有するものと考えられる。そうすれば親権者と監護権者とを別異にすべき特段の事情の認められない本件においては，次の諸点を考慮した上，事件本人の親権者はこれを抗告人と定めるのが相当である。

(一) 抗告人は，事件本人の氏を変更して抗告人と同一にしたいと考えているが，右氏の変更につき相手方の代諾を得ることを望むべくもないので右の考えを実行する手段として本件申立をした。さらに将来抗告人とZとが結婚した場合には，事件本人を右Zの養子にすることも考えておりそれも亦本件申立の動機となっている。

第3章　現行民法の親権者

本件記録によれば，以上の事実が認められるのであるが，子と子の監護者とが氏を同じうすることはもとより望ましいことであるし，本件事実によれば，事件本人がZの養子となることは事件本人にとり不利益であるとはいえないから，右認定の本件申立の動機は是認すべきである。

　(二)　本件記録によれば，相手方は，将来事件本人がZから性的暴力を受けるおそれのあることを親権者変更に同意しない理由の1にあげていることが認められる。しかし，調査の結果によれば，現在そのような徴候は認められないし，そもそもこの問題は，監護者を定めるに当つて考慮すべき事柄であつて親権者の決定とは関係がないから（事件本人の監護を抗告人がする以上，親権を相手方に留保したからといつて防止しうる事柄ではない。），これを以て親権者変更を拒む理由とすることはできない。

　(三)　事件本人は，その頃相手方に養育せられていたのであるが，抗告人は，昭和44年6月親権者を変更しない約束で相手方から事件本人の引渡を受けた。又，本件申立に先立つこと2ケ月余である昭和44年11月22日抗告人相手方間において親権者の変更を求めない趣旨と解される調停が成立した。以上の本件事実によれば，その後著しい事情変更の認められない本件において，あえて親権者の変更を命ずることは，当事者の不信行為を助長し法的安定を害することになるのではないかとの懸念を生ずる。しかしながら，右不信行為があつたかどうかは抗告人相手方間の責任の問題にすぎないから，それによる不利益を事件本人に帰することは許されない。この見地からすれば，本件申立は，申立権の濫用に当る事情が認められない限りみだりにこれを排斥すべきでなく，且つ本件申立以前の抗告人の右行為は，それがなされる前後の経緯を考慮すれば，いまだこれを以て右濫用に当る事情と目することはできないから，抗告人に右行為があつたからといつて本件申立を却下するのは相当でない。

　三　以上の判断に従えば，事件本人の親権者を相手方から抗告人に変更することを求める本件申立は理由があるからこれを容認すべく，これと異る原審判は取消を免れない。よつて，家事審判規則19条2項を適用して主文のとおり決定する。」

　(b)　申立をなしうる者は，親権者変更については子の親権である。

　(i)　未成年者が実親の一方と養親との共同親権に服している場合は，親権者でない他方実親に親権者変更の申立権はない（【46】）。

【46】　大阪高決昭48・3・20家月25・10・61

　[判旨]　「右認定事実からすれば，抗告人と相手方との離婚の際相手方は未成年者の単独親権者に定められたものであるが，現在は未成年者に対し養母（相手方の後妻・Z）も親権者となつており（民法818条2項），実親と養親との共同親権行使の状態にあるものと解される（民法818条3項）。

　そして親権者変更の審判は単独親権行使者が単独親権行使の状態にある場合にのみ許され，本件のような場合には許されない。」

　(ii)　親権者変更申立権濫用の判例もあることが注目される（【47】）。

【47】　仙台高決昭48・2・28家月25・11・88

　[事実]　相手方Yは，抗告人Xとの婚姻中の昭和39年頃他の男と不貞な関係を生じ，それが

直接の原因となって別居（事件本人A・Bを連れて），そして協議離婚成立前すでに現在の夫Zと情交関係をもった。右協議離婚の際，Yを監護者，Xを親権者とする，Xが希望するときはA・Bと面接させる旨の合意がYとの間に成立した。しかし，Xの面接についてはYは全くXを無視する態度をとり，さらにYは，Xの右面接交渉および養育費の送金も拒否し，さらに山形家庭裁判所に対し自己を親権者とする旨の変更の申立てをして，Xの面接交渉および親権の行使を排除しようとした。その後右本件の抗告審においてXは2，3年間A・Bと合わないこと，その代わりに，Yは，Xが親権者であることを認める旨の合意ができ，Xは右期間中右合意を遵守してA・Bとの面接を差し控えてきた。そして右期間経過後にA・Bの面接を求めると，Yは現在の夫Zにその処理を委ね，その同意が得られないなどの口実で右要求を拒絶し今日に至っている。

［判旨］「これを要するに，相手方は自ら不貞な行為を働いて家庭を崩壊する原因を作り，あまつさえ協議離婚の際における合意を無視し，抗告人に親権者として特に責むべき事情がないのに，監護者たる地位を利用して抗告人の親権行使の場を閉ざし，もつて疎通を欠く原因，反福祉的状態を醸成しているものであつて，右のような事情のもとにおいてなされた相手方の本件申立は，申立権の濫用と評価すべきものである。

四，特に本件の場合，前記認定の事実および本件記録によると，抗告人としては現在事件本人らの引渡養育を希望しているわけではなく，一方，事件本人らは相手方の夫Zを父としてなじみ，一応幸福に暮らしているのであるから，今申立人が親権者となつて養子縁組，氏の変更を実現することにより特に事件本人らの福祉が増大するものとは認め難く，むしろ相手方の前述の如き反道義的，自己本位的性格態度に照らすときZとの間の夫婦関係も今しばらく観察を必要とするとともに，これから事件本人らが親の適切な助言指導および学資を必要とする時期を迎えることその他諸般の事情を考察すれば，今その親権者を抗告人から相手方に変更することが相当であるとは到底認められないのである。」

（c）親権者変更の申立ては，とくに反対の意思が窺われない限り，監護者変更の申立てをも内包しているものと解される（【48】）。

【48】 札幌家審昭46・11・8家月25・9・98

［事実］ 申立人Xは，昭和35年頃相手方Yと内縁関係を結び，昭和43年4月婚姻届出を了え，同年6月事件本人Aを分娩した。その後，昭和45年4月別居し，同年5月親権者をYと定めて協議離婚した。しかし右親権者の指定にもかかわらず，別居の時からXがAを養育してきたところ，昭和46年5月，Yは暴力を用い，Xの抵抗を抑圧しXの許からAを連れ去り，Aは目下Yおよびその母の許で養育されている。Xは結婚以前からホステスとして働き，Yの職業の実情は明らかではない。またYは某組のヤクザ組織の一員で，○○グループと名のる一団の中心的存在であり，昭和35年から41年までの間に暴力事犯として有罪の宣告を受けたこと3回，起訴猶予1回を数えている。Xは子の養育をしつつの労働は容易でなく，一時実母の許に預けた。その後昭和46年3月訴外Zと内縁夫婦として同居し生活も安定してきたから，Aを手許に引き取り，再び養育に意を注ぎつつあった。前述のYが暴力を用いてAを連れ去ったのは，この段階でのことである。

[判旨]「以上に認定したとおり、事件本人に対する愛情の強さという点ではXとYとの間に優劣はなく、知能、教育程度、経済的条件の諸点においてとくに親権の帰属を動かすべき決定的な差異は見出せない。しかし、事件本人が未だ4歳に満たない幼児であり、少くとも義務教育終了程度までは母親の手許で育てられることが子供の情緒的発達の上で好ましいこと、しかも昭和46年5月11日まではXが実際の養育の任に当つてきたこと、同日以降、Yの許で養育されてはいるが、それは法的に容認し難い暴力によつて拉致された結果であつて、現在の養育も決してこれに専念できる女手があるわけではないこと、とりわけYはその正業および収入の有無すら不明であり、かつてのやくざ組織と完全に絶縁した形跡を見出し得ないこと、Y自身も事件本人を連れ去る際にXに対して常識を越えた暴力を振つていることから推して、子供の性格、心理、情操などにYの養育環境が及ぼす影響はとうてい好ましいものとは考えられない。むしろ事件本人の年齢、Yの性行およびその社会環境をXの社会的環境、事件本人に対する母親としての心理的なつながりなどと対比すれば、事件本人の福祉という目的の上からは、その監護・養育者としての適格性において、やはりXに優位性があるものと言わなければならない。

しかも、上記一で認定したところによれば、本件協議離婚の交渉の過程において、Xが監護・養育に当り、Yは親権者となることで合意が成立しながら、協議離婚の届出の際、X側において監護の権限を留保する方途を知らなかつたために、この法的な用語による留保が脱落したとみられる事情があるのであるから、Xを監護者と定めることは、むしろ当初に成立した双方の合意を実現するにすぎないものとも言うことができる。

なお、Xが再婚（内縁）していることは前記一認定のとおりであるが、同認定のとおり、事件本人の監護養育についてZの協力を期待できる以上、かかる事情は、なんら上述の判断を左右するものではない。またXの現在の職業も事件本人の監護者としての適格性を覆えすものではない。

Xは親権者の変更を求めるものであるが、上記一で認定したところから明らかなように、本件紛争はYによる事件本人拉致によつて生じたものであり、この事件が起らなければ、当分の間は、Yを親権者と定めたままXが現実には事件本人を養育するという状態で推移したであろうことが推測される。この意味で、本件申立にはいわば子の引渡請求の手段としての性格があることは否定できない。換言すれば、当初の合意にそつて、明確に事件本人の監護権がXに留保されておれば、そのうえさらに親権者変更の申立をしなければならない必然性（あるいは事件本人の福祉上の必要性）は未だ十分とは認められない。

このような事情およびYの病状に関するXの微妙な心遣い（前記一(八)参照。なお当裁判所の調査結果に基づけば、Xのこの心遣いは、Yの病歴に照らして、まことに有意義なものと考えられる）、ならびにYの事件本人に対する強い愛情を考え、本件当事者間では、養育環境の点で優劣は認められるもののYから親権の全部を取り上げなければならぬほど子の福祉に決定的な障害を見出し得ないことを斟酌すれば、すでに監護権をXに帰属させたことによつて内容的には希薄化してはいるけれども、親権をYに留めて成り行きを見守るのが相当と考えられる。

すなわち、Xが親権を全面的には行使できないことによつて、さしあたつては事件本人とZとの養子縁組とか将来の子の氏の変更は制肘されることになるけれども、これらの問題は事件本人の成長（満15歳に達した頃）をまつて子の

意思に従つて決する途もあり，本件において今ただちに事を決しなければ事件本人の福祉の上で明らかに支障を生じるような事情は認められない。そして，事件本人の意思能力の熟成前でも，Yに子の監護・養育の支障となるような不行跡があつたり，あるいは子の監護上に明らかな支障があれば，Xが新に親権者の変更を請求することはなんら妨げられないのであるから，むしろ現在のところは，監護者の変更にとどめて，Yが事件本人の親権者としての責任を自覚し，事件本人が成長した暁に父として敬愛できるような途を歩むことを期待し，合わせて事件本人の引渡および今後の養育・監護が円滑に行われるように配慮することも，けつきよく事件本人の福祉に資するものと考えられる。

三　事件本人に対する監護権は，従前，親権に内包されてYが行使していたわけであるから，これをXに行使させるのを相当とする以上，本件審判においてXを監護者と定めることも民法766条2項にいう子の監護者の変更に該当するものと言わなければならない。（このような監護者の変更についても，なんら時期的な制限はないものと解される。）したがってまた，親権者と監護者の分離が許される現行法の下では，親権者の変更を求める申立は，とくに反対の意思が窺われないかぎり，全部一部の関係において監護者の変更の申立を内包しているものと解するのが相当であり，親権者変更の申立において，監護者を定めることは単なる付随的処分とは解されない。

よつて，事件本人の監護者をXに変更し，これに付随して家事審判規則53条によりXに対し事件本人の引渡を命じ，Xのその余の申立部分を却下することとし，主文のとおり審判する。」

(5)　**調停による変更への疑問**

つぎに実務上の問題として，この親権者変更が調停によってもよい，とされていることに根本的に疑問を禁じえない。

実際にこの問題について調停事項とすることについては，調停手続を通し，調停委員会の主導のもとに子の福祉を実現すべく親族・親権者を説得し，円満な親権者変更を可能にするとの意義も考えられなくもない[66]。しかし，調停手続によって果たして真に子の福祉に適う親権者変更を実現しうるか，とくにつぎの点に注目したい。

(a)　第1は，実際の調停の経験からみると，調停による親権者変更が真に子の福祉に適う途といえるか，実際の立場から大きな疑問をいだかざるをえないことである（調停によると，当事者を調停委員会がいかに主導しても，紛糾している当事者間の妥協になりかねない。この種の問題では当事者間の激しい感情的対立に注目すべきである）。

(b)　第2に，親権者変更制度そのものについていえるが，とくにそれが調停による場合，離婚の際の親権者指定について，将来親権者変更があるからということで，子の福祉よりも当事者の妥協が重視されかねない点が懸念される（法理論的にいえば，親権者指定・変更は明かに甲類審判事項とされるべきである）。

(c)　第3に，法理的に最も重視する問題点は，この場合の非親権者となった親とは法的にどう考えられるべきかである。離婚の際の非親権者の地位と全く同じに考えてよいか，変更事由にもよるであろうが，少なくともこ

---

66)　糟谷「前掲論文」最高裁判所事務局編・前掲書246頁。

第3章　現行民法の親権者

の場合の非親権者を親の法的地位と関連してどうみるべきか，従来この点の解明がみられないだけに，ここに強く問題提起したい。「親の地位の剝奪論」も，法理上1つの考察の対象とされえよう。

(d)　そして，わたくしは，この親権者変更の子に与えるであろう心理的影響が，親権者変更においては慎重に取り扱われるべきことを付記したい。この問題は，単なる親の都合による形式的な権利移転とは，明らかにその本質が異なるからである。

第3節　親権能力

親権とは，子の身分上および財産上の広い権能を含んでいるから，法理上当然能力者でなければ親権者になれないことは明らかである。この原則に立ちながら，なお具体的にはつぎの問題が提起される。

1　未成年者

無能力者のうち，未成年者は親権者となりうるが，まず法理上親権行使能力を有しない。それは民法が親権代行に関する規定（833条，867条）をおいていることから明らかである。もっとも未成年者が婚姻すれば，親権行使能力を取得する（753条）。

なお親権代行については，833条は親権的親権代行に関する規定であり，867条は後見的親権代行に関する規定である。

つぎに親権代行については，つぎの問題が法理上留意されるべきである[67]。

(a)　第1に代行者が直ちに代行される親権に服する子の親権者となるのではなく，代行権行使として行う代理の形式は，代行される親権に服する子の名において行われるべきである。

(b)　したがって，代行者が死亡した場合には，未成年の親のために後見が開始し，その後見人が親権を代行することになる（867条1項）。また，未成年の親が死亡したときは，たとえその生存中未成年親権者の親権者が親権代行してきたとしても，代行者の代行権限は消滅し，子については親権者がないこととなるから後見が開始する（昭25・12・6民事甲3091回答）。

すなわち，親権代行者は，一方において未成年親権者の子に対して本来の親権を行使するとともに，同時に孫に対して833条所定の代行親権を行使することになる。そして，代行権の範囲は，財産管理のみでなく，身上行為の代理権にもおよぶと解される（【49】。同旨，大8・12・8民録25・2213）。

【49】　大判大11・4・6民集1・175

［事実］　私生子たる被上告人Ｙの親権者Ａは

---

67)　我妻・前掲書334頁。

明治35年○月○日生の未成年者であって，Aの親権者BはYを代表して弁護士某に訴訟委任をなしYの父の上告人Xに対し認知を求める訴を提起した。棄却。

[判旨]「私生子ノ母未成年者ナル場合ニ於テハ其ノ母ノ親権者ハ私生子ヲ代表シテ私生子ノ父ニ対シテ認知ノ訴ヲ提起スルコトヲ得ルモノトス」

2　禁治産者

親が禁治産者のときは，後見が開始する（838条2号）。なお【50】が注目される。

【50】　大阪家審昭43・12・23家月21・6・62，判タ241・264

[事実]　申立人Xは，未成年者Yの伯母で現にYを監護養育している。Yの母Aはろう啞者として心身に障害があり親権を行使できない。またYはAの嫡出でない子である。Aはろう啞者として知能低くかつ特殊教育を受けなかったため発語不能で，その心身障害の程度は身体障害者福祉法別表第二，第三の各一にあたること（この点は医師Bの診断書による）が認められる。

かくて，Xは，Yの後見人に母方祖父であるZを選任する旨の審判を求める。

[判旨]「さて民法第838条第1号に定める未成年者に対し親権を行う者がないときは，親権者の死亡・親権の喪失・辞任等により現に親権者がない場合はもとより，親権者が生存していても事実上親権を行うことができない事情にある場合をも含むと解すべきところ，親権者の心身に著しい障害があるため親権を行うことができない状況にある場合も，親権者の行方不明などの場合と同じく，これにあたると解するのが相当である。ところで，このように親権者の心身に障害があるため親権を行うことができない事情にあることを判断するには，必ず禁治産宣告等の手続を経なければならないとの見解がある。しかし，このように解すると，禁治産宣告等には，手続上申立権者の範囲・要鑑定などの制限があるほか，申立権者があっても近親者が禁治産宣告を望まぬことがあるため，この手続がとられないで放置されたり著しく遅延することなどがあつて，早急に後見人を選任することができず，未成年者の保護に欠ける事態を招くことになり，未成年者後見制度の趣旨にてらし適切でないし，また親権者が心身の障害のためにせよ行方不明のためにせよ，親権を行うことができない事情にあることには差異はないのであるから，親権者が心身の障害のため親権を行うことができない事情にあるかどうかは，関係法規に特段の定めのない限り必ずしも医師の鑑定や禁治産宣告等の手続を要せず，障害の程度が明白な場合には，行方不明のため親権を行うことができないときと同じく家庭裁判所の職権調査による自由な認定に委ねてよい（もつとも，障害の程度が不明な場合には，事の性質上，専門医師等の鑑定を必要とすることが多いであろう。なお昭和31年1月25日当家庭裁判所家事部決議，大阪家庭裁判所家事部決議録126頁参照）。」

3　準禁治産者

準禁治産者については，その性格上論議がある。準禁治産者の親権行使能力を否定する見解が，多数説・判例【51】である[68]。現行法のように，親権が当然子の財産管理権を含

---

68)　我妻・前掲書321頁。

第3章　現行民法の親権者

むとの立場をとる以上（自分の財産の管理能力がないのに，子の財産管理能力を認めるのは適当でない），準禁治産者に親権行使能力を否定するのが当然だという理由からである。

もっとも，学説では，有力説として，準禁治産者は，財産管理権の範囲内では親権行使能力を有しないが，監護教育の範囲内では親権行使能力を有する，と説く見解もある。その見解は，そのまま立法論としても説かれる[69]。

確かに日常生活を考えれば，右の有力説の議論が考えられる。しかし，真に子の福祉を考えた場合，心身耗弱者，浪費者に子の親権者の地位を認めてよいかどうか，疑問であり，わたくしは通説が妥当と考える。

【51】　大判明 39・4・2 民録 12・553

[事実]　上告論旨によれば，「原院ニ於テハ代理人カ能力者タルコトヲ要セサルニヨリ準禁治産者ノ為シタル借財モ親権者ノ名義ヲ以テスルトキハ之ヲ取消スコトヲ得ス未成年者ニ対シ効力ヲ生スヘキモノナリ」とした（名古屋控判明 38・11・8）。破棄差戻。

[判旨]　「民法第 102 条ニ代理人ハ能力者タルコトヲ要セストアルハ委任ニ因ル代理ト法定代理トヲ区別セス一般ニ通スル原則ヲ規定シタルモノナレトモ之ニ反スル別段ノ規定アル場合ニ於テハ其特別ノ規定ニ従ハサル可カラス民法親族編ノ規定ヲ按スルニ第 895 条及ヒ第 934 条第 2 項ニ依レハ未成年者ハ自ラ親権ヲ行フコトヲ得ス其未成年者ノ親権者又ハ後見人代ハリテ之ヲ行フモノトシ又第 908 条ニ依レハ禁治産者又ハ準禁治産者ハ後見人タルコトヲ得サルモノトセリ此等ノ規定ヲ推シテ立法ノ趣旨ヲ考フルトキハ未成年者ノ父又ハ母カ禁治産者又ハ準禁治産者ナルトキハ又親権ヲ行フコトヲ得サルモノト解スルヲ当然トス蓋代理人ノ能力者タルコトヲ要セサルヲ原則トスル所以ハ代理行為ハ直接ニ本人ニ対シテ其効力ヲ生シ代理人ニ其効力ヲ及ホスコトナキヲ以テ代理人ノ為リタル無能力者ノ保護ヲ欠クノ虞ナケレハナリ然レトモ無能力者ノ為メニ設ケタル法定代理ノ規定ハ実ニ本人カ無能力ナルノ故ヲ以テ其本人ヲ保護スル為メニ定メタルモノナレハ若シ此場合ニモ代理人ノ能力者タルコトヲ要セストノ原則ヲ適用シ無能力者ヲシテ他ノ無能力者ヲ代理セシムルコトヲ得ルモノトセハ為メニ代理人ト為リタル無能力者ノ保護ヲ欠クコトナキモ本人タル無能力者ノ保護ハ之ヲ全フスルコトヲ得スシテ其本人保護ノ必要上設ケタル立法ノ目的ヲ達スルコト能ハサルヤ明ケシ以レ如上数箇ノ法条ニ於テ親権者又ハ後見人ハ能力者タルコトヲ要スル趣旨ヲ明ニシタル所以ニシテ父又ハ母カ禁治産者又ハ準禁治産者ナル場合ニ付テハ明文アルニ非ラスト雖モ特ニ之ヲ除外シテ親権ヲ行フコトヲ許シタルモノト解スルコトヲ得ス若シ其明文ナキノ故ヲ以テ反対ニ解ス可キモノトセンカ子ヲ有スルマテニ成長シタル未成年者スラ尚ホ親権ヲ行フコトヲ得サルニ反シ心神喪失ノ常況ニ在ル禁治産者ハ却テ右未成年者ニ代リテ親権ヲ行フコトヲ得ルカ如キ奇観ヲ呈シ又法律ハ禁治産者又ハ準禁治産者ノ保護ノミニ厚フシテ其子ノ保護ハ毫モ之ヲ顧ミサルカ如キ不当ノ主義ヲ採リタルモノ為ルニ至ラン斯ノ如キハ到底之ヲ是認スルコトヲ得サルナリ」

---

[69]　山本・於保編前掲書 23 頁。

第4節　親権共同行使の原則

現行民法上、「親権は、父母の婚姻中は、父母が共同してこれを行う」のが原則である（818条3項本文）。離婚によって1度父または母の単独親権行使となった後でも、その父母が再婚すれば、再婚と同時に父母が親権を共同行使することとなる（昭23・2・27民事甲210号回答）。離婚の取消と同様と解される。

1　共同行使の意味

親権の行使は、双方の意思に基づくことは必要だが、双方の名儀でなされる必要はない（【52】）。

【52】　最判昭32・7・5 ジュリ136・86

[事実]　上告人Xは未成年のため、父Aが代理してX所有の不動産を被上告人Yに売却した（上告人の母Bも出席）。その後、本訴において、Xは、右売買に関して、Xの親権者として父Aだけが法定代理人となり、母Bは法定代理人となっていないから、民法818条の親権の共同行使がなく、右売買は無効であると主張したが容れられなかった。

[判旨]　「所論売買契約の際、上告人Xの母Bは、その場に同席しながら右売買契約についてなんら反対の意思を表示せず、また右実地の測量が行われたときも、右Bはこれに立会いながら別段これに反対しなかつたものであり、結局、右売買については上告人Xの親権者たるBの承諾があつたとの事実を認定しており、原審挙示の証拠によれば右認定は十分首肯できる。而して、かかる事実関係の下においては、他に特段の事情が認められない以上、右売買については、上告人Xの親権者たるAおよびBが共同して親権を行使したものというを相当とする。」

(a)　他方の同意が得られずになされた場合（単独名義・双方名義であると）は、父母の法定代理人としての代理または同意の効果は生じない。ただ民法は、双方名義でなされた場合に限って、善意の第三者保護のために共同行使の効果を生ずるものとした（825条）。

(b)　父母の一方が勝手に単独名義で親権を行使したときは、それが代理行為のときは、通常の無権代理として適法な追認がなければ効力を生ぜず、ただ相手方が善意・無過失のときは表見代理の保護を受けうるにすぎない（110条）。同意行為であれば、適法な追認がない限り、子の行為は取り消しうる。いずれの場合も、一方だけで事実行為をしたときは、親権濫用の問題を生ずると解される[70]。

2　父母の意思の不一致

子の監護教育についての意思が一致しない場合の処置については民法に全く規定がない。この点は、あるいは立法者の予想しなかった

---

[70]　遠藤浩他・民法(8)親族215頁。

問題といえるかもしれない。しかし，この点について，父の専権に母が忍従するのが当然だという意識があれば明らかに問題といえる。しかも，両性平等が社会に定着してくれば，こうした問題の解決の必要性も当然せまられてこよう。

さて，共同親権である限り，父母の意見が一致しなければ，子のための法律行為はなされえない。これでは子の福祉に反するケースも当然考えられる（子の進学，また医師の手術も受けられない）。さすがに我妻栄は，たとえば「子が営業を営むことについての許可というような場合には，父母の一方の反対のときにも家庭裁判所の許可ですます方法など考慮されるかもしれない」として「研究の余地がある」ことを認めていた[71]。もっとも，我妻は別の著書においては，「実際は具体的事項の決定を家庭裁判所にやらせることは不可能な場合が多いのみでなく，家庭生活の円満のためにも好ましくないのではあるまいか」との疑問を出していたことも注目される[72]。しかし，学説では，家庭裁判所での決定論が有力であるとみてよい[73]。

わたくしは，理論的には家庭裁判所での調整論を考えざるをえないが，しかし，問題の性質からいって，それが単に形式理論のようにも思われてならない。子の営業許可・進学問題などは，早急に解決されなければならないし，実際には家庭裁判所の調整は不可能であると判断せざるをえないからである。まして医師の手術などとくにそうである。こうみると，家庭裁判所での調整にしても限界があり，また問題の性格にもよるといわざるをえない（子の哺育・監護・教育などの事実上のことは，両者の意見が一致しなくとも，これらは本来生活の問題であるから，とくに法律問題とすべきものは少ないだろうとみられる）。しかし，子の財産問題などについて，たとえば親権者の一方が不当な監護行為をしたときは，理論上他方は共同親権に基づいてその差止を訴求することができることは考えておく必要がある[74]。

かくて，この問題の本質からいって，本来はむしろ社会教育，モラルによる親の立場での自発的解決こそ，親権者のあり方だとしかいいようがないように考えられる。

3 婚姻中父母一方の親権単独行使

単独行使の例外の場合もある。すなわち，夫婦の一方に事実上または法律上親権を行使できない事実の生じたときである（818条3項但書）。

(1) 事実上行使できない場合

事実上行使できない場合とは，長期旅行，生死ないし行方不明（昭6・10・8民事甲710号民事局長回答），重病・心神喪失（明39・4・17民刑298号民刑局長回答），受刑などの場合をいい，【53】のように，父母の婚姻関係が破

---

71) 我妻・改正親族・相続法解説114頁，松坂「前掲論文」前掲家族法大系Ⅴ38頁。
72) 我妻・前掲書328頁。
73) 松坂「前掲論文」前掲家族法大系Ⅴ38頁。
74) 松坂「前掲論文」前掲家族法大系Ⅴ39頁。

綻し，その一方が他の男または女と同棲し，子との別居が長期である場合もいう。

【53】 東京地判昭37・7・17下民集13・7-9・1434

[事実] 原告X₃は，その夫訴外Zと昭和21年○月結婚式を挙げ，○月婚姻届をした。両君の間にX₁・X₂の子が出生した。昭和28年Zの父（日本大使）の秘書官として渡米するまで円満な家庭生活が続いた。Zは昭和30年○月帰国したが別居に至った。それは，Zと被告Yとの性関係による。ZとYはZの帰国後も同棲している。しかもZは昭和32年○月原告X₃を相手方として東京家庭裁判所に離婚調停の申立をし，右調停は不調に終った。X₁・X₂は父のZの監護教育を必要とするが，ZはYと同棲するに至り，原告X₃のもとには顔もみせていない。

[判旨]「親権は父母の婚姻中は父母共同してこれを行うのが原則であるが，父母が共同して親権を行使すべき場合にも「父母の一方が親権を行うことができないときは他の一方がこれを行う」（民法第818条第3項但書）ことと定められており，右にいわゆる「親権を行うことができない」ときには父母の一方の行方不明，長期旅行，重病などの場合のみならず，父母の婚姻関係が事実上破綻し，父母の一方が他の男又は女と同棲し，子との別居が長期に及んでいるような場合も含まれるものと解すべきところ，本件においてX₁，X₂の父であるZは昭和30年2月以降X₁X₂等の許に戻らず且つ後記のとおり昭和33年10月5日からYと同棲して今日に至つており，又X₃本人尋問の結果によればZは右別居以後殆んど原告X₁，X₂の面倒をみることなく，同X₁X₂等はX₃の許で養育されているこ

とが認められる。このような場合Zにおいて親権を行使することができないものというべきであつて，X₁，X₂の母であるX₃が単独で親権を行使しうるものと解するのを相当とするから，Yの前記主張は排斥を免れない。

次にYは，X₁，X₂の本件訴訟の提起は同原告等の意思に反し不適法である旨主張するけれども，親権は子の利益を考慮して行使されなければならないこともとよりであるが，子の利益に合致すれば子の意思に反することも許されるのであつて，本件においてX₁，X₂が，父であるZと同棲しているYに対し，損害賠償請求権ありと主張して訴を提起すること自体X₁，X₂の利益に反するものでないから，右Yの主張も排斥を免れない。」

(2) 法律上行使できない場合

つぎに法律上行使できない場合とは，親権者が禁治産宣告を受けたとき（準禁治産者は前述した），親権行使禁止の仮処分を受けたとき（民訴758条，760条），親権ないし管理権の喪失宣告を受けたとき（834条，835条），また親権ないし管理権の辞退のとき（837条1項）も同様これに含まれると解するのが通説である[75]。

4 婚姻関係にない父母の親権共同行使

父母共同親権は，父母が婚姻中である場合に認められるのが原則であるが，例外として，婚姻関係にない父母が共同親権者となる変則的な状態も生じうる。たとえば，父母の離婚の際になされるべき子の親権者の指定を忘れた（昭25・6・10民事甲1653回答），離婚の当時

---

75) 中川善之助・前掲書490頁。

第3章　現行民法の親権者

にはその指定協議などをする余地がなかったとき（たとえば，離婚当時子が他人の養子となっていたため親権者の指定がされず，その後に右の養子が離縁となったとき——昭23・4・21民事甲54回答）等である[76]。応急措置法6条による場合もあったが，ここではふれない。

すなわち，解釈論としては，父母一方の単独親権行使は民法818条3項但書および819条の場合に限られ，それに該当しない場合は，父母が婚姻関係にあると否とを問わず，父母同時親権でかつ共同行使となると解すべきであるとの見解が注目されることになる[77]。

---

76)　小石「前掲論文」前掲家族法大系Ⅴ 42頁。
77)　山本・於保編前掲書 26頁。

第4章　親権の内容

親権の観念については，すでに述べたから，ここでは，その具体的個別的な問題点について，それぞれ分析したい。

第1節　親子間の法律関係と親権

現行民法では，親権は親権者と子との間で成立する法律関係であるから，親子間に生ずるすべての法律関係がここで問題とされるわけではない。

まず親子という事実から生ずる一定の法律関係がある。たとえば，慰謝料請求権，遺産相続，扶養などの諸問題がその典型的なものである。

そして，その中では，親の未成年の子に対する扶養義務が，とくに親権を義務の面からとらえた場合，法理的に重要問題点となると思われる。わたくしはとくにこの問題に関心をもつ。その論点はつぎのとおりである。

(a) 第1に，子の扶養は親の義務である。それは親権を論ずる以前の問題であって，親子であれば当然の問題であるといえる。しかし，当然の理だからといって，とくに個人主義的近代家族の場合，法的に放っておくことが，果たして子のためといえるのであろうか。それでも，夫婦が円満にいっている間は，子の扶養は婚姻費用分担義務の中枢を占める問題として法的根拠があるといえる。とくに，親の未成熟子に対する扶養義務は生活保持義務とみるのが通説であるから，前述の婚姻費用分担義務の中枢の義務といってよい。しかし，問題は，離婚した場合である。そこにはもはや婚姻費用分担義務はない。問題は扶養であるが，離婚の際に，この婚姻費用分担義務の変形した子の扶養義務の規定がなぜないのか，まずこの点が疑問の対象となる。

(b) つぎに，親権を親の義務の面からとらえるならば，後述の身上監護・財産管理も当然義務の面からとらえられる必要があるが，となれば，扶養義務も親の義務として――とくに離婚の際――同列に体系づけられてもおかしくないと考えられる。わたくしは，離婚後の子の扶養義務について，たとえば父がこれを負担する場合，母が監護教育するのと同じ意味においてとらえる必要があるから，とくにこのように考えたい。父の養育費負担は，親として当然の理とか，親権とは無関係であ

るという理論では，真に子のための親の義務とはいえないのではなかろうかと考えるからである。子は親の離婚の犠牲であってはならない。母が子を監護教育する義務を負うならば，父もそれに相当する意味で，いわば監護教育の一態様として，父はそれなりの養育費の分担義務を負うべきものであるということなのである。

第2節　未成年者の父母の固有の権利

　この父母の親権は，やはり法理上未成年の子の父母であるという事実から導かれる。しかし，本来この父母の固有の権利が，親権と法理上どのような関連をもつかが当然解明される必要があろう。さて，この父母の固有の権利については，たとえば，民法上，婚姻同意権（737条），子との面接権，出生子への命名権，親権を有しない監護者の縁組同意権などが法理上具体的に問題となる。
　つぎに，具体的に分説して考えたい。

1　婚姻同意権（737条）

　この同意権については，父母は親権者であることを要せず，また，婚姻中たると否とを，したがって氏の異同を問わない。養子の場合は，養親・実親双方の同意を要すると解されている[78]。しかし，学説では，この父母の婚姻同意権の規定の意味について強い疑問が出されている。それは，この父母の婚姻同意権の立法趣旨が未成年者の婚姻の保護にあるといいながら，法的に身上監護権を有するかどうかを問題とせず，また一方の同意で足りるとし，またすでに違反した婚姻も完全に有効とするとし，さらに，父母のないあるいは不当に同意を拒まれた未成年者の救済を認めない民法自体に問題があるというのである[79]。そして，さすがに法制審議会ではこれらの問題点を問題とし，仮決定はつぎのように決定されている。
　ちなみに，その決定した点とは，①未成年者が婚姻する場合には，法定代理人の同意をえなければならない。②家庭裁判所は，法定代理人がない場合またはその同意がえられない場合には，前項の同意に代わる審判をすることができるというものである。
　しかし，この仮決定については，つぎの疑問がある。
　(a)　第1に，まず根本的には，法定代理人のなんたるかの解明こそ必要と思われる。そうでない限り，この仮決定は，単なる形式論といわざるをえない。
　(b)　つぎに，婚姻によって子は親の監護から独立する。その意味では，現行法の規定のほうが妥当と思われる。さらに，現行法にたつ限り，監護者は法定代理人となりうるかと

---

78)　久貴忠彦他・民法講義(7)親族74頁。
79)　久貴他・前掲書74頁。

いう問題もある。これでは，かえって問題が混迷しかねまい。問題は，法定代理人という，形式論の問題ではない，まず，婚姻の本質から考えるべく，そうでない限り，仮決定は単なる技術論でしかない。

（c）しかし，父母の同意権ということでは，確かに学説の指摘のように，身上監護権を有しない親の同意というケースも考えられ，子の立場から考えると当然疑問点が出る。すなわち，どのような場合であれ，父母とはつねに身上監護するとの地位の確立こそ法理的にまず必要であり，わたくしは，この問題からもこの点の解決を切望したい。

2　面接交渉権

この問題は民法には規定がない。しかし，親子の本質からいえば，明らかに重大問題であり，それだけに民法に規定がないこと自体が根本的に疑問点となる。学界では，最近この問題が漸く論議されてきたが，それだけに，今後の一層の積極的な論議が注目される（後述，73頁以下参照）。

3　子の命名権

この問題は，学説ではあまり論議されないが，親権として看過できない問題と思われる。親として出生した子に名づけることは重大な問題といえる。それでも学説ではつぎのように論議されてきた。第2の学説は，命名とは被命名者の固有権であることを前提としつつ，親権者がそれを代行するという理論である。そしてつぎは，親権者が出生者のために事務管理的に代行するという理論がある。さらに，命名行為とは親のもつ親権作用とみる見解があり，これが通説である[80]。わたくしも，通説を妥当とみる。この点は親義務から考えても当然の理であるからである。そして，命名行為を親権作用とみるならば，子が成年に達したときは，親権から明らかに独立するのであるから，子に改名の自由を法が保障するのでなければ，法理論として一貫性がないということであろう。子が成年に達したとき，自分の意思によって親の命名した名をそのまま呼称してもよいし，また改名の自由も法理上当然保障されるべきであろう。

第3節　身分行為の代理・同意権

この問題は，つぎの論点から法理的に難問となる。

1　同　意　権

まず同意権については，前述の未成年の子の婚姻に対する父母の同意権（737条）のみが問題となる。そして学説では「親権者の父母の同意」と解すべきとする見解が有力であ

---

[80]　拙著・前掲書70頁以下。

り，なお，わたくしはそう考えていないことは前述した。

2 代理権

　この問題については，代理という性格から特有の難問題があり，また親権との関連も法理上当然解明されることが必要である。まずこの問題の性格は，意思能力のない子の一定の身分行為について，親権者が当然代理する必要があり，しかも，それは親権者の身上監護の内容をなす。そこでつぎの問題点が考えられる。

　(a)　第1に，この身分上の行為の代理権は，法律の明文の決定のない場合にも認められるべきか。通説は否定説である[81]。肯定説は，明文の規定のない場合も代理に親しむ身分行為であれば認められてよいとする[82]。後者の立場が子の立場からいって解釈論として妥当であろう。代理という問題の性格，しかもそれが実質上身上監護の一内容をなすことからいって，子のためには法文上明規されている場合に限定せず，それは子の福祉の立場からのみ行使されるべきである。規定は親権の効力としてないが，親権の立場から弾力的に考えられてよい。

　(b)　民法上代理（代行）しうる場合としては，嫡出否認の応訴（775条），認知の訴（787条），15歳未満の子の氏の変更（791条）および養子縁組の代諾（797条），未成年者が養親となる縁組の取消（804条），離縁の代諾（811条2項）および訴（815条），親権の代行（833条）などの場合がある。しかし，これらの規定以外の場合に法定代理をいっさい認めないとなると，実際に不都合な場合も出かねない。学説では，意思能力のない子に関する縁組無効や離縁無効の訴については，代理の規定の存在しないことが指摘され，また明文の規定のある場合についても，親権者が子を代理してその身分行為を行うのか，それとも親権者がその固有の資格において子の身分行為を行うのか（代位）についても問題があり，しかもその点は学説・判例でも必ずしも明確でない点が指摘される[83]（認知の訴について，法定代理説と訴訟代位説の対立がある。そして学説の大勢は法定代理説に向っているといわれる[84]）。

　(c)　また身分上の行為の代理権は身上監護の一内容をなすから，たとえば養子縁組の代諾権のような問題について，代諾権そのものは法定代理人としての親権者に属す事柄であることは明らかであるが，親権者とは別に監護者がおり，そして監護者が子を現実に養育している場合は，監護者の意見を無視してよいか。学説では，監護者の承諾を要するとまで断定する見解が有力である[85]。わたくしも，身分上の代理権も身上監護権の一内容であることからいって解釈論としてこの見解に

---

81)　明山・於保編前掲書52頁。
82)　薬師寺志光・日本親族論下49頁。
83)　久貴他・前掲書259頁。
84)　利谷信義・中川善之助編注釈民法(22) I 273頁。
85)　我妻・前掲書270頁。

第4節　身上監護権

親権者は，子の監護・教育の権利を有し，義務を負う(820条)。学説の定説によれば，監護は主として肉体的成長を，教育は主として精神的成長をはかるものとその観念が区別される[86]。しかし，実際のケースではこの区別は理論どおりはとうていありえない。たとえば，大学教育を受けるような子の場合は，突際に監護は問題となりえない。また，逆に子が幼児の場合は，教育があまり表面化しないことが考えられるからである。

結局，人の成長プロセスにおいて，監護教育とは，子を一人前の社会人に育成することである。したがって，近時の学説において，監護教育とは，そのまま包括不可分の権利とみる見解が現われたことも極めて自然のことといえる[87]。もっとも，厳密にいえば学説はなお分れているとみてよい。そして，学説は，監護と教育とは，それぞれ相関連するとはいえ，一応別個の権利とみる説[88]もあるが，民法上監護とあって教育を含まないようであるが，それを広義に解して，身上監護全般にわたるものとみて，監護教育はもちろんのこと，そのために必要とみる居所指定，職業許可，懲戒など，すべてが包含されるものとみる説とに分れる。この最後の説が妥当と考える。

つぎにその具体的問題を考えてみたい。

(a) 第1に，監護教育の観念を一体とみる見解にたてば，当然親権・監護権の分属の場合をどう解するかが，法理上の基本問題となる。この問題を考えるならば，その分属論が明らかに形式的見方であることがこの点からも理解されよう。それは，もともと，こうした分属論そのものが法理的に無理な論理であるはずである。

(b) わたくしは，監護教育の一体については，つぎのように解したい。離婚の場合の親権者のあり方において，それは具体的に問題となる。根本的には，離婚後も平等権親義務の負担であるべきことは，すでに繰り返し述べてきた。なお念のため，ここで母が子と同居して子を監護教育しているケースを考えてみよう。このケースでも，父親は当然父親であることから，一応潜在的にしろ，本質的にこの監護教育義務を負担すると解すべきだと考える。たとえば，実際には子との面接を通して，この義務が履行されるべく，また，子の教育費の負担も，単なる費用としての問題ではなく，監護教育者としての立場からこそ理論化されるべきである。

(c) つぎに子をどのように監護教育するかは，親権者の自由に属するといわれる。しか

---

86) 中川善之助・前掲書497頁。
87) 明山・於保編前掲書61頁，青山・近代家族法の研究152頁，神谷「前掲論文」前掲家族法大系Ⅳ22頁。
88) 中川善之助・前掲書498頁。

し，この自由にしても，子の福祉に反することはとうてい許されるべきではない。それは子のための社会公共的な立場からの規制には当然従うべきである。たとえば，親は義務教育の委託義務を負い（教育基本4条，学校教育22条・23条）また経済的理由から児童を手許において養育できないときは，児童相談所等に相談すべきものとされ（児福30条3項），そして子の監護を行わないときに，市町村長などがその子を保護施設に収容し（生活保護30条），また里親などに委託するか，児童福祉施設に入所させることなどの受忍する義務を負う（児福23条-28条）。

(d) さらに監護教育については，当然費用が必要であるが，この問題については，前述の扶養と親権との関連で述べた（第3章第4節1参照）。それは，親義務上，監護教育と一体の義務である。

(e) 監護教育権に関連する問題として，いわゆる子の引渡請求の問題がある。それは子を不法に手許におく者に対して，親権者が子の引渡請求権をもつという問題である。日本の民法にはその肯定の規定はないが，判例・学説ともに早くから肯定の立場をとってきた。しかし，この問題の性格上，引渡請求権の性格・要件などについて多くの論議すべき問題点があるがここでは問題提起にとどめることとする。

第5節　居所指定権（821条）

子は親権を行う者が指定した場所にその居所を定めなければならない（821条）。その立法趣旨は，子の所在が不明だったり，勝手に同棲したのでは，親の監護教育は事実上不可能だということにある。

(a) 居所指定は，当然子に意思能力がある場合にだけ意味がある。子が従わないとき，直接強制はもちろん，間接強制も認め難い[89]。しかも，この問題は判決による居所指定も妥当とはいえない。家庭裁判所による親子関係調整の調停が唯一の法的措置かもしれない。しかし，この方法の実効性もきわめて薄い。となると，この居所指定権の法的意義はきわめて曖昧となろう。まして近代家族の理念からも疑問がある。しかしどうしても規定が必要ならば，「指定」ではなく，親権者の「決定」と改めるべきであろう。「決定」という用語の意味には，親子（意思能力者）の協議が前提とされてよいという意味が含まれる。人格権からいってもこの理論が妥当であろう。また共同親権者の指定であるから，子に対する指定の前に，当然父母の意見の一致が必要である。しかしどうしても意見が一致しないときは，子の意思をも含めて，前述のように家庭裁判所の親子関係の調整とする以外にそ

---

89) 明山・於保編前掲書91頁。

の方法はないと思われる。

(b) 子の心身に悪影響のある場所の指定は，明らかに居所指定権の濫用であり，親権喪失の原因と考えられる（【54】）。

【54】 長崎控判大 11・2・6 新聞 1954・9

[判旨]「素より親権者の社会上の地位職業生活状態の如何に依りて其子女をして生活資料の一助と為さしむる為め恩愛の下に子女の身心に相応する相当の稼業に就かしむる如きは敢て不当を以て論ずべきものにあらざれども酌婦娼妓乃至芸妓の見習を為し其稼業に就くが如きは其他の一般稼業及見習と異なり子女の心身に悪影響を及ぼすこと多大にして子女に採りて当然有利なる稼業にあらざること俟たざるが故に親権者の社会上の地位職業の如何に係らず仮令親権者に於て自家の困窮を救ふ為めなりとするも子女に右の稼業を強ゆるは子女に対する利益保護の趣旨に反し親権の濫用たること明かなり」

(c) 子が指定された場所に居住することを第三者が妨害したときは，親権者はその妨害排除ないし子の引渡請求をなしうると解される。

第6節 懲戒権（822条）

親権者は，監護教育に必要な範囲内で自ら子を懲戒し，また家庭裁判所の許可をえて懲戒場に入れることができる（822条）。いわゆる「愛の鞭」という理論である。もっとも，日常の叱責，軽い体罰などはあえて懲戒権を構成するまでもないし，そうかといって，傷害罪（刑204条），暴行罪（同208条）などに該当する懲戒はもちろん親権の濫用であって許されるべきではない。となれば，どの程度が懲戒といえるのか，民法上はその実体が必ずしも明確とはいい難い。また親権者の申請により子を公の懲戒場（教護院・少年院）に入れる方法も現行法上は存在しない（児福27条，少年34条）。しかも，懲戒権はもともと家父長権の1つの残映ともいわれる。このように考えると，この規定の削除が当然考えられる。こうした懲戒権がなくても，親の立場であれば，子のための愛の鞭は当然考えられるところであろう。しかし，どうしてもその規定が必要だというのであれば，子の立場を主体に考えるとき，当然その限度こそ規定によって明示されるべきである。その理由は，場合によって刑事上の問題もありうるからである。また，その懲戒の程度いかんによっては，民事上も親権剥奪の問題ともなりうるからである（親権剥奪の性格は後述）。

現行法のもとでは，懲戒権の濫用は，明らかに親権喪失原因であり，判例もこの立場から懲戒権の行使の限界を示した（【55】）。

【55】 札幌高函館支判昭28・2・18 高刑集6・1・128

[判旨]「凡そ親権を行うものはその必要な範囲内で自らその子を懲戒することができるし，懲戒のためには，それが適宜な手段である場合

第4章　親権の内容

には，打擲することも是認さるべきであるけれども，それにはおのづから一般社会観念上の制約もあり，殊にそれが子の監護教育に必要な範囲内でなければならない。故にもし親権者がその限界を超えていたづらに子を厄介視し或はその時のわがまま気分から度を越えて子を殴打する等の残酷な行為をした場合は，それは親権の濫用であつて親権喪失の事由たるばかりでなく，その暴行は暴行罪として，刑事上の責任を負はなければならない。原審で取調べた証拠によると，被告人はその貰い子（未だ入籍していない養子）である満2才余になる病弱児Aに対し平素充分な栄養を摂らせなかつたし，Aは未だ歩行も出来ない状態でありながら飢えていると熱汁にも手を差しのべることさえあつた事実が現はされており，このような状態にある子に，しつけのためとか，矯正のためとかで打擲を加えることの，一般社会観念の許さない，殊に監護教育に必要な範囲を越脱した残酷な行為であることは明かである。されば被告人の判示暴行の行為は親の子に対する懲戒行為として違法を阻却すべきものでないことは勿論のことで，原判決が暴行罪としてこれを処断したのは正当である」る。

ところで，この懲戒権に関連して，親の子の虐待問題も無視できない。たとえば，親の懲戒権の限度を越える暴力行為，また親が子を養育しないなどのケースが考えられる。子のための法であれば，当然法はその防止策こそ必要というべきである。しかし具体的に考えられる点は，①第1に親に刑事罰を課して，その発生を防止する。②つぎは，民法上の親権喪失制度がある。しかし，これらの制度にしても，子の福祉から考えるとその判断は極めて難かしい。刑事罰を親に課しても子が納得して親と別離できるか，また親権喪失も子にとって心理的にどう影響するかという問題も考えられる。もっとも，この2つの民・刑事法の制度には，親に対する威嚇的効果は考えられないこともない。③かくて，法的には，子の虐待に対する法規は，専門の児童福祉法によることとなった。児童福祉法の諸規定については，ここでは述べえない[90]。しかし，わたくしは，子の幸福は家庭にあることを思えば，その規定の適用は慎重であるべきだと考える。そしてむしろ子の虐待問題が発生しないよう，子の人権の確立とそのための社会教育の徹底こそ望ましいと考える。

第7節　職業許可権（823条）

子は親権を行う者の許可がなければ職業を営むことができない（823条）。

(a) ここでいう職業とは営業よりも観念が広く，他人に雇われる場合も含まれる。いったん許可を与えても，営業または職業にたえられないことが明らかになったときは，これを取り消しまたは制限できる（823条1項，6条2項）。この規定の立法趣旨は，あくまでも子の身心の発育の程度を勘案してその許否を決定すべきものとされ，それは，性格上監

---

90)　石川稔「児童虐待」前掲現代家族法大系3306頁。

護権の1つの作用とされる[91]。

(b) また，労働基準法は，未成年の子の労働保護上親権者が本人に代って労働契約を締結することを禁止している（同58条1項）。また労働契約が未成年者に不利と認めたときは，親権者は労働契約を解約できる（同条2項）。

(c) 許可は親権を行う者とあり，そして親権を行う者については別に規定がある（818条，819条，833条，867条）。とくに親権代行者（833条，867条）も本条の許可を行使できるか。監護者・監護受託者については，学説は原則として職業許可権はないとみる。しかし，実際に子を監護している監護者になぜこの許可権が認められないのか，許可権がないというのは，その実質機能からいって明らかに問題と思われる。

(d) ところで，この民法の職業許可権の規定については，子の福祉から考えると，どうしても根本的に疑問がある。その理由は，この民法の規定はいかにも子のための理念から遊離しているといわざるをえないからである。たとえば，子が職業につくとしても，それが真に子の自由意思によるものか客観的に確認できない，また子の福祉に合致するかどうかも同じように確認され難い。子の労働といってもきわめて不安定である。そこでつぎのように具体的に立法対策が考えられるのではなかろうか。①第1に，親権者の許可を廃棄し，これを家庭裁判所の許可と改めるべきである。親権者の許可では，子の立場が客観的にとらえ難い。子が親の喰い物になる懸念も実際にありえよう。②親権者の許可の取消・制限にしても実際にどのような意味があるのか疑がわしい。それよりもソ連家族法にみられる，「親は未成年の子の賃金のいかんを問わず扶養義務を免除されない。扶養料の減額のみがありうる。」とする規定のほうが[92]，子の労働の不安定さをカヴァーする親のあり方であろうと思われる。

第8節　面　接　権

面接権については，民法には規定はない。しかし周知のように，すでに多くの国では明文で定められ，日本でも近時とみにこの問題が論議されるようになってきた。

こうした面接権の人びとの主張は，従来の日本人の伝統的考え方――親権者・監護者になれなかった親は，むしろ蔭ながら子の成長を見守る――に対する革命的な権利主張といってよい。それだけにその社会的要因が注目されるが，学説では，核家族化の普及，両性平等の社会への滲透などの現代家族社会の存在を背景とし，直接に離婚の際の親権争いの激化，それに養育費問題もからんで，主として親の立場からの発言となってることが注目される[93]。

91）明山・於保編前掲書98頁。
92）ヴェア・リカーヤンツェフ〔原隆訳〕・ソヴィエト家族法216頁。
93）川田「面接交渉権」ジュリ増刊民法の争点370頁。

第4章 親権の内容

1 面接権の権利性の根拠

面接権という権利性についてどう根拠づけられるか。

肯定論では，当然その根拠が問題とされ，そこからつぎの見解に分かれる[94]。①親子の身分関係から当然に認められる自然的権利とする（親であるが故に当然面接権をもち，その全面的禁止は許されない）。②本質的に親に与えられた自然権であるとともに，その具体的内容は監護に関連する権利とみる（監護費用の分担と同様の性質を有すると説く）。③監護教育に関連し「監護について必要な事項」と説く。④親権の一権能とみる。この理論は，その前提として，親権についてその帰属と行使とを区別し，離婚の際に親権者と定められなかった親も，その行使を停止（睡眠）させられただけであって，親権の帰属自体は失われないとする。すなわち，離婚後親権・監護権を行使しない父母の一方もなお親権を有し，必要に応じて監護権の一部を行使でき，面接権はその一部行使として行うと説かれる。

れるべきである。

それでも上記の学説では，子の福祉の立場からみると，面接権は，結果的には，離婚後非親権者が必要に応じての監護権の一部の行使とみるさいごの学説が注目されよう。

面接権は，子のもつ権利であるべきである。ところが，親の権利であるという見方が一般的なせいもあって，実際には，親権者・非親権者の対立の中で論議される（調停でもよくみられるが，親権者となった母が面接権を拒否すると，非親権者となった父が養育費の給付の拒否で対抗することがしばしばみられる）。これでは，子に面接が可能となっても，果たして子の成長にプラスの面接となるか実際に疑わしい。まず子の権利であることが社会に滲透されるべきであり，そして，法的には，親の間の協議による面接権の決定方法は当然廃棄されるべきである。この問題の本質の解明がさらに積極的に検討されるべきである。

面接権を親権の一態様とみる立場から考えると，面接権は，子のために家庭裁判所の許可事項とされるべきである（なお後述）。

2 私 見

まずわたくしは，面接権を親の権利と解することに疑問がある。むしろ本来は子のもつ権利と考えるべきである。子は親を知り，親の愛情に接して成長する権利をもつ（認知請求権も，子が父を捜索する権利である）。親の立場としては，面接することによって，子の人格形成，福祉に寄与する義務を負うと解さ

3 判 例 論

判例では，【56】が面接権について裁判所として始めて肯定した。この判例は，【57】の抗告審で取り消された。また【58】では，面接権の内容を具体的に指示した。また【59】は，具体的に面接回数を決めた原審を支持した。なおその後の判例では，権利としての面接権を否認するもの（【60】，【61】）も

94）川田「前掲論文」前掲民法の争点370頁。

あるが，制限的ながら結果的に認めるもの（【62】），また逆に面接は認められるとしつつ，具体的には子の福祉の立場から制限されることもあるとし，認められないもの（【63】，【64】，【65】）など種々である。判例は，このように混迷状態にある。

審判例では，法律上の離婚には至らないものの別居状態にある父母間において，現に子を監護していない親の面接交渉について協議が調わないときは，民法766条1項または2項，家事審判法9条1項乙類4号の類推適用から，家庭裁判所は，面接交渉の具体的内容を定めることができるとする。【64】がその代表的ケースである。もっとも，【65】は婚姻中の夫婦の一方が別居状態にある他方の監護している子について，面接交渉権の具体的行使等について審判することはできないとする。

【56】 東京家審昭39・12・14家月17・4・55

[事実] 申立人X女と相手方夫Yとは，昭和38年末調停離婚し，その際事件本人の5歳の男児Aの親権者はYと定め，かつXがAを養育していたので，AをYに引き渡すこととした。ところがAがYに行くことを嫌ったので，XもAを手渡すに忍びず，一度は親権者変更の調停の申立てをしたが，思い直してAをYに引き渡した。翌年Xは，YにAとの面接の協議を申し入れたところYは了承した。しかし具体的協議に至らなかったので，X女は代理人を通してさらに申し入れたが，Yはこれに応じなかった。Yは間もなく再婚し，後妻の2児と養子縁組をし，5人家族となり，Aもその一員として家族に順応し一応幸福に暮していた。この状況のもとで，XはYに対し，XとAとの面接に関する調停申立をした。しかし不調となったので審判の申立てをした。

[判旨]「ここに問題となるのは，本件申立人の如く，離婚後親権もしくは監護権を有しない親が未成熟子に対し面接ないし交渉の権利を有するか，また有するとして，その親が面接ないし交渉権を行使するため必要な事項について他方の親権もしくは監護権を有する親との間に協議が調わずまたはできない場合に家庭裁判所が審判をすることができるかということである。けだし，わが民法は多くの国の立法例のように，この親権もしくは監護権を有しない親の未成熟子に対する面接ないし交渉に関する明文の規定をおいていないからである。

しかしながら，当裁判所は，この未成熟子に対する面接ないし交渉は，親権もしくは監護権を有しない親としての最低限の要求であり，父母の離婚という不幸な出来事によって父母が共同で親権もしくは監護権を行使することが事実上不可能なために，一方の親が親権者もしくは監護者と定められ，単独で未成熟子を監護養育することになつても，他方の親権もしくは監護権を有しない親は，未成熟子と面接ないし交渉する権利を有し，この権利は，未成熟子の福祉を害することがない限り，制限されまたは奪われることはないものと考える。そしてこの権利は，監護そのものではないが，監護に関連のある権利というべきであり，この面接交渉権行使のため必要な事項は，正に民法第766条第1項による監護について必要な事項と解されるから，離婚に際し親権もしくは監護権を有しないことになった親は，未成熟子との面接交渉権行使に必要な事項につき他方の親権もしくは監護権を有する親との協議で定めることができ，その協議が調わないとき，またはできないときは，家

庭裁判所がこれを定めるべきものであり，また家庭裁判所は，離婚後子の利益のため必要があると認めるときは，未成熟子との面接交渉権行使に必要な事項について相当な処分を民法第766条第2項による監護に関する処分として命ずることができると解すべきである。」

【57】 東京高決昭40・12・8家月18・7・31（【56】の抗告審）

［事実］　抗告人X男と相手方Y女とは，昭和32年○月婚姻し，同32年○月事件本人A出生，同38年○月調停離婚し，Aの親権者をXと決め，AはXのもとで監護教育されていた。その後Xは訴外Z女と再婚し，Zの2人の子を養子とし，ここに5人で家庭生活を営んでいた。ちなみにXは外科医であり，Zの協力のもとにAも右2人の子となんら差別されず，Aもその家庭生活に溶けこんでいた。そして，Yは実母としてAに面接を求めてきた。原審取消却下。

［判旨］「親権者でない親の未成熟子に対する面接交渉権は，一方の親の親権および監護権の行使との関係で制約を受けることは当然である。本件事実では事件本人は，親権者の実父と継母のもとで平和に過しているから，かかる状況で相手方が事件本人に面接することは，その方法，回数のいかんを問わず現在の段階では事件本人のためにならないものと考えこれを許可しないのが相当と判断する。よって右と結論を異にする原審判は不当である。」

【58】 東京家審昭44・5・22家月22・3・77，判タ249・29

［事実］　申立人X男とY女は，昭和42年○月協議離婚し，事件本人Aらの親権者をY女と定めた。これはXがYの復縁の可能性を考えてのことであった。しかし，Yが昭和43年○月Aらの養育費請求の調停を宮崎家庭裁判所延岡支部に申し立てたところから，Yに復縁の可能性のないことを知り，Xは扶養料を支払うくらいならAらを引き取って養育したいと主張した。そして調停係属中，XY間にAらの親権者をXに変更し，昭和44年○月AらをXに引き渡すとの合意が成立し，ここにXはAらの親権者をYからXに変更する旨の本件申立を行った。なお，Yは別居後，Aらと一緒に上京し，独立家屋（1階2間，2階2間）を借り，ピアノ講師・個人教授その他で健全に暮らしている。Yは将来の生活の不安から一時迷ってXにAらの監護を委せようとしたが，今後はなんとしてもYの手で育てたいとしている。また，XはAらの親権者として子を引き取れないときは，子との面接を希望している。Xは宮崎県に居住しているから，上京は難しく，年1回，夏期休暇中にXが旅費を送ってAらをX方に呼びよせ1週間ないし2週間Xと過したいとしている。却下。

［判旨］「つぎに面接交渉の具体的方法としては，Xは前記認定のとおり宮崎県に居住し，しばしば上京することは職業上困難であるので，年1回，夏期休暇にはXが旅費を送って事件本人らをX方に呼寄せ，1週間ないし2週間，事件本人らの学校行事に差支えない範囲でXと過ごすこと，およびXは本人審問においてすくなくとも年1回上京の機会があると述べているので，その折にはXよりYに通知し，Yは事件本人らの学業に差支えない時間と場所を定めてXの事件本人らとの面接に協力するのが相当であろう。なお，その具体的協議については当事者双方が家庭裁判所調査官の助言，指導，援助を求めることができるものである。」

【59】 東京高決昭42・8・14家月20・3・64（原審，東京家審昭42・6・9家月20・3・67）

[事実] この事件の原審の審判においては，AとY（父）との面接を，少なくとも年2回程度と判断し，母Xは6カ月に1回1日間（朝食後夕食前まで）その指定する日時場所においてAをYに面接させるよう，審判した。これに対し，Yは右審判につき即時抗告をなし，原審が面接を年2回に限定したことは憲法13条に違反するかそれとも著しく不当であるとした。

[判旨]「一 Yは，まず，親権者の指定について，事件本人の養育には母Xの性格とYのそれとを比較して，母親の性格は不適当であるというけれども，両者の性格の相違から直ちに，子の養育をするについていずれをも不適当ということはできないし，むしろ，事件本人が就学適齢前の未成熟女児であつて，このような女児の監護養育には，ほかに特段の事情がないかぎり，母親においてこれを行なうことが相当であり，本件において，両者の性格を比較して，母親の監護養育を排してまでこれをYにおいて行わせる特段の事情もみあたらないし，また，Yは，母親の家庭に生活をともにするその母Cは性格が冷たく気性が激しく躾けが厳しすぎるためそのような者のもとで事件本人を生活させることは適当でないというけれども，右Cにおいて事件本人がその家庭において母親が監護養育することをむしろ希望しており，また事件本人の養育のため必要とするならば別居するのも差し支えないとの意思を有しているもので，事件本人のような未成熟児にあつては，母親に比し，躾けのきびしい祖母に対して親和感をもつことが劣ることはあるにしても子のこのようなことだけによつて，直ちに母親の監護養育を否定すべきではないし，Yのいう双方の家庭において事件本人と生活をともにする父母及びその母らの親和感の順序につき，その主張のとおりであるとは直ちにいうことはできないし，事件本人が現在抗告人方において生活していることから見て，その主張のような親和感の順序にしたがった気持を事件本人が抱いていたとしても，これだけで，Yを親権者とするに足りない。そのほか，親権者を定めるについての諸種の事情，ことに，事件本人の性格及びその成育するに適当な諸環境，双方の養育についての方針などからみて，母であるXよりもYが親権者として相当であると認めるに足る事情はみあたらないので，この点に関するYの主張は採用できない。

二 次に，Yは，事件本人との面接について原審判が年2回に限定したことは憲法第13条に違反するか，あるいはいちじるしく不当であるというところ，親権者とならなかつた親はその子と面接することは，親子という身分関係から当然に認められる自然権的な権利であり，監護する機会を与えられなかつた親として最低限の要求であり，親の愛情，親子の関係を事実上保障する最後のきずなともいうことができるけれども，面接が子の監護養育上相当でない場合には，これを制限することはもとより妨げないものというべく，右の制限をしたからといつて憲法第13条に違背するものということはできない。しかして，原審判においては，Yの面接の機会を全く奪つたものではなく，事件本人の監護養育に関する事情を斟酌すると，原審判で定めたYの事件本人に対する面接の方法，程度について不当にその機会を制限したものということができないから，この点に関するYの主張は採用できない。

三 そのほか，記録を調べてみても，原審判を取り消すに足る違法の点はみあたらない。

したがって，原審判は相当であって，本件抗告は理由がない。」

第4章 親権の内容

【60】 大阪家審昭43・5・28 家月20・10・68

[事実] 申立人Ｘ女と相手方Ｙは4年にわたり離婚訴訟や同居協力扶助の調停審判で争っていたが、弁護士立会のもとに示談が成立し、6歳の男児、事件本人Ａの親権者をＹと定めて協議離婚し、その際書面で、(イ)Ｘの申出があるときは、自宅その他において1カ月約8回の範囲内で、Ａに面会することを承諾する。なお別に、Ａの幼稚園、学校の休暇中はＸ宅などにおける5日以内の外泊を承諾する。(ロ)Ｙが約束に違反したときは、別に考慮するという趣旨を約した。Ｙはその後再婚し、後妻Ｂの連れ子を養子とし、相手方との間にも子も生まれ、Ａは後妻と養子縁組をし、家族5人ぐらしとなった。Ｘは、Ａが後妻の養子となったことを知り、親権変更と子の引渡およびその調停審判までの面接交渉を求める申立てをした。却下。

[判旨]「(一) ところで、父母が結婚中の親権についての規定である、民法第818条第3項にいう婚姻中の父母とは、婚姻中の実父母、または、養父母だけを意味するものではなく、実親と養親が婚姻中である場合も含んでいるものであるからして、かかる状態にある夫婦の一方が、他の一方の、その親権に服している未成年の子を養子としたときは、その子に対する親権は、実親と養親が共同して行うことになると解されることが一般であり、したがって、本件の場合、Ｙと正式に結婚したＢが、事件本人と養子縁組を取結んでいるからには、事件本人に対する親権は、現在では、両者が共同して行使するにいたっているわけである。しかして、このことに、更に、父母が結婚していない場合の親権についての規定である、民法第819条第6項にもとづいて、子の親族が、家庭裁判所に、親権者の変更を請求することができるためには、その請求の対象となる親権者の親権が、引つづき、単独で行使されていることを必要としているものであつて、例えば、親権者の再婚、新配偶者と未成年の子の養子縁組の取結び等の経緯により、未成年の子が実親と養親の共同親権に服しているような場合には、養父と実父、或は、養母と実母が、養父と婚姻関係にある実母、或は、養母と婚姻関係にある実父を、それぞれ、差しおいて、共同して親権を行使することになるという、奇妙、不自然な結果の招来を避ける意味合からしても、もはや、このような請求をすることはでき得ないと解されることもまた、一般であることを、併せて、推論すると、申立人の申立中、事件本人の親権者の変更を求める部分は、Ｂと事件本人の養子縁組が存続しているかぎりにおいては、Ｙが申立人に対し、当初の約定にもとづき、事実上、どのような責任を感じているか、どうかは別として、法律上の観点からすれば、理由がないことに帰すると考えられるところであるし、なお、上記認定の事実からする、Ｙの主宰する家庭における、Ｙ、Ｂとその共同親権に服している事件本人のあいだの人間関係からすれば、事件本人の監護者を、特に、申立人と定め、事件本人を申立人に引渡す必要はないと判断するのが相当と考えられるところである。

(二)(い) 次に、離婚の結果、これにともない、親権者、監護者でなくなった配偶者が、未成年の子に対し、いわゆる面接交渉権を有しているか、どうかということについては、現行法上、格別に、明記されるところがないので、1つの問題とされているわけであるけれども、かかる立場の配偶者としても、実親であるからには、本来的に、そのような権利を有しているものであり、ただ、未成年の子の福祉の観点からして、その行使が、全面的、或は、一部的に、制約される場合が生じ得ると解されるところである。

(ろ) しかして、いま、これを本件の場合につ

きみてみると，事件本人は，先に述べたような経過でもつて，YとBの共同親権に服していて，申立人としては，法律上，親権者の変更を請求することができないという特別な状態にあると考えられるのであり，しかして，このことに，更に，上記認定の事実からする，事件本人が，実父であるYと養母であるBのもとにおける，その生活に満足，定着していて，環境の変化を希望してはいないこと，事件本人が小学校に通うようになつて後，申立人に面接したことがあつたのであるが，このような場合には，事件本人は，必ず，精神的に動揺し，好ましくない影響があらわれるので，学校関係者としても，申立人との面接に，明白に，否定的態度を示しているものであることなどを，併せて，推論すると，実母である申立人が有している面接交渉権も，現在の段階においては，未成年の子である事件本人の福祉の観点から，全面的に，その行使が制約されるべきであると判断するのも，やむを得ないと考えられるところである。」

【61】 大阪高決昭43・12・24家月21・6・38

［事実］相手方Yは，抗告人X女と離婚後，相手方女Y₁と婚姻し，Y₁と事件本人Aが養子縁組した。Y・Y₁は，X・Yの婚姻中に，バーの女給であったY₁と情交関係を結んだことから婚姻に進展した。Y・Y₁の家庭には，両名の子のほか，Y₁の連れ子までAと同居する複雑な家庭環境である。Xはその後精神的に立ち直り，自活の道も開かれた。棄却。

［判旨］「新憲法の下における親子法は子の幸福を度外視して考えるべきでないこと多言を要しないところであるとともに，本件のごとく，親権を有する者が再婚し，新しい配偶者が養子縁組により共同親権を行使するに至った場合にも，若しこの再婚自体が子の幸福のため好ましいものでない場合には，先きの離婚により親権者でなくなつた親は，子の幸福のため右の共同親権を行使する両名を相手方として前記法条に基づいて親権者変更の申立てをすることを許されるものと解すべきである。」

【62】 東京高決52・12・9家月30・8・42

［事実］事件本人A・B両名は，相手方Y（医師・国家公務員）と申立人・抗告人X₁X₂（医院開業・妻）両名の死亡した養女との間の嫡出子であり，現在Yの妻Zの養女である。Yは実質的にはX₁X₂夫婦の養子的存在であり，昭和43年妻死亡後もX₁X₂のもとに同居し，AB両名の養育費として1カ月2万円ないし3万5千円をX₁X₂らに渡すことにし，同人らにABらの日常の世話を依頼し，家族の一員として円満に生活していた。その後昭和46年12月下旬頃，YがX₁X₂らに対し，再婚してX₁X₂ら方を出て生活する意思を伝えたことから，X₁X₂らとの仲が険悪となり，X₁X₂らは，昭和47年1月以降，AB両名の養育費の受領をも拒絶した。YはついにX₁X₂ら方にいたたまれず，後日再婚してABらの受入れ条件を整えたうえ引き取るべく，昭和47年3月とりあえずABらをX₁X₂ら方に残し単身同方を出た。Yは再婚のZにABを膝下において監護養育してくれることの了解を得て婚姻し，ABらの引取りにつき再三X₁X₂らと交渉したがX₁X₂らの了解を得られなかった。

そこで，昭和47年12月12日付の書面をもってX₁X₂人らに対し，自己の復氏，姻族関係の終了，ABらの氏の変更手続をする旨を通知するとともに，ABらの引渡を求めた。そして同月18日，自己の氏を婚姻前の氏に復する届出，

第4章　親権の内容

亡妻の親族との姻族関係終了の届出をし，ついで昭和48年2月26日，ABらの氏を自己の氏に変更する届出をして自己の戸籍に入籍し，同年3月，Zと婚姻し，ZとABらとの養子縁組を代諾してその養子縁組を整え，同日その旨の届出を了した。

面接問題の要点は，①Yは，$X_1 X_2$ら方を出た後も毎月2回ないし11回くらいの割合で$X_1 X_2$らを訪れ，事件本人らとの接触を保つことに努めた。YはZと婚姻後も情緒的に無理なく引き取るべく，Zとともに毎週日曜日ごとに$X_1 X_2$らに出向き，ABとの接触を保とうと試みたが$X_1 X_2$らにいれられない。$X_1 X_2$との事前連絡により了解をえることを余儀なくされ，月1回くらいの割合で$X_1 X_2$ら方に赴かざるをえなかった。ABはYの再婚のZにもうちとけた態度で接し格別抵抗を示さなかった。②すでに昭和48年3月には$X_1 X_2$から監護者指定の調停申立がなされており，また，Yは同年10月には幼児引渡の調停申立をするに至った。YZらはその後昭和49年4月までは毎月1回ぐらいの割合で，ABらに絵本などを持参して$X_1 X_2$らを訪ね面接を続けた。しかしYは，$X_1 X_2$らの態度に嫌気をさして訪問をやめたが，ZだけはABらと面接のためその後も毎月1回ずつ$X_1 X_2$ら方を訪ねてきた。③なお，昭和49年4月30日の本件調停期日で，当事者双方はYがABらの同年夏期休暇中ABらをY方で試験的に引き取り，Y・Zらとの生活の様子をみてみるとの合意に達したが，結局は$X_1 X_2$らがこれに応じなかったため，せっかくの合意も実現しなかった。④X_1の月収は100万円以上，155坪の敷地に診察室のほか5つの私室と8畳の洋室のある木造平家建住宅，ここに$X_1 X_2$夫婦，AB両名，申立人妻の妹で亡養女の姉が居住し，ABの勉強室として8畳の洋室をあてている。一方Yの月収は昭和50年11月当時，14万7千円，4DK

の公務員住宅に住み，ABらの居室として南側の6畳間1室をあてることを予定している。

[判旨]「しかしながら，家庭裁判所が親権者の意思に反して子の親でない第三者を監護者と定めることは，親権者が親権をその本来の趣旨に沿つて行使するのに著しく欠けるところがあり，親権者にそのまま親権を行使させると子の福祉を不当に阻害することになると認められるような特段の事情がある場合に限つて許されるものと解すべきことは原審判のいうとおりであり，原審判は，右の見解に立つたうえ，本件において相手方につき右のような事由があるとは認められないと判断しているのであつて，当裁判所も原審判の右判断はこれを是認すべきものと考える。

（省略）

……その引渡し方法は，前記事情のもとでは，月1度以上の相手方宅に宿泊させることを伴なう相手方及びその妻Z（父及び養母）との面接交渉を少なくとも4回以上持つた上で完全に引き渡し，その後事件本人らが相手方宅が真実の住居であることを自ら納得し自らの意思で相手方に帰宅するようにするため，その引渡のあつた日から2か月以内に少なくとも1度以上抗告人方に宿泊させ，抗告人らと面接交渉をもたせることが相当である。よつて，主文のとおり決定する。

なお相手方が抗告人らに対し本決定において定められた義務の履行を求めるに当つては，相手方において家事審判法第25条の2，家事審判規則第143条の2等の規定により家庭裁判所調査官の関与を求めることが望ましいことを附言する。」（主文――抗告人らは，相手方に対し，事件本人両名を，おそくとも昭和53年3月31日までに，両者協議によって決定した，日時場所において引き渡せ。

抗告人らは，本決定確定の後右引渡しに至る

まで，毎月1度以上両者協議して決定した日（但し，協議が調わないときは第2土曜日から翌日曜日）に，事件本人らを，相手方住所に，宿泊させ，相手方と面接交歩させよ。

相手方は事件本人らの引渡を受けた後2か月以内に1度両者協議して決定した日時に抗告人ら方に宿泊させ，抗告人らと面接交渉させよ。）

【63】 大分家中津支審昭和51・7・22家月29・2・108

［事実］ 申立人Xは，申立外Yと昭和45年11月婚姻し，昭和46年7月事件本人Aの出生後性格不一致等の理由で昭和47年3月9日離婚した。XはA出産後も入院を続けていたため，離婚の際，親権者も監護権者もYに定められた。XはAに面接するため，再三Y方を訪れたが拒絶され離婚後1度も面接していない。しかるにAはC夫婦の養子となり同所で養育されているが，AはXの唯一の子供であり，母であるXと面接することは当然認められるから，本件申立をした（家裁の記録によれば，AはC夫婦の養女となった後，C夫婦と同居し，C夫婦，隣家に住むCの両親になつき，同人らの愛情にはぐくまれて順調に成育している。AはXの顔も母であることも知らず，C夫婦を実の親と信じて平和な家庭生活を営んでいる）。

［判旨］「ところで実母が未成熟子に対し面接ないし交渉する権利を有することは，親として当然のことであり原則として制限され奪われることはないのであるが，未成熟子が何らかの事情で実母の許を離れ，他の者の親権又は監護権に服している場合には，親権および監護権の行使との関係で制約をうけ未成熟子の福祉を害する場合には許されないと解すべきである。

しかして，右認定の事実によれば，事件本人は父母の離婚という不幸な境遇の下にありながら，相手方夫婦の養女となり，同夫婦を実の父母として平和な家庭生活を送つているものであつて，かかる状況にある事件本人に申立人が母として面接することは事件本人の純粋な童心を傷つけるばかりか，その精神面における健全な成長を阻害し，ひいては相手方夫婦との平和な家庭生活に波乱を起こすに至る危険性が極めて高いというべきである。

尤もわが子に会いたいという申立人の一途な気持も十分理解ができ同情を禁じえないところであるが，事件本人が成人して事理を弁識できるようになれば格別，それ迄は相手方夫婦の親権，監護権に服している以上，これを尊重して，面接を避け，事件本人の成長を陰ながら見守ることが事件本人の福祉に適合し，同人の幸せにつながるものであるといわざるを得ない。

以上説示のとおり，当裁判所は申立人が事件本人に面接することは，その方法，回数をとわず，現段階では事件本人の福祉に適合しないものと思慮するので，これを許可しないのが相当と考える。」

【64】 京都家審昭57・4・22家月35・9・105

［事実］ 法律上の離婚はしていないが別居状態にある父母間で，子を監護していない親の面接交渉について，協議が調わないときは，家庭裁判所は民法766条，家事審判法9条1項乙類4号を類推適用して，面接交渉の具体的内容を定めることができる。

［判旨］「主　文
一　相手方は申立人に対し本審判送達日の翌月より，各月（8月を除く）の祝休日のうちの1日の午前9時より午後4時まで，事件本人A，同Bと面接交渉をすることを許されねばならない。

第4章　親権の内容

二　相手方は申立人に対し，毎年の8月中，引続き5日間，事件本人A，同Bと面接交渉をすることを許さねばならない。この場合，申立人は，申立人住居その他適当な場所において上記事件本人らと生活をともにすることができる。

三　申立人と相手方とは，上記一，二項の面接交渉の日，時，場所，方法につき，京都家庭裁判所調査官の指導の下に協議を行わなければならない。

四　本件申立のうち事件本人Cに面接交渉を求める部分は却下する。

　　理　　由（省略）

……法律上の離婚はしていないが，現に別居状態にある父母間で，子を監護していない親の面接交渉について協議が調わないときは，家庭裁判所は，民法766条，家事審判法9条1項乙類4号の類推適用により，面接交渉の具体的内容を定めることができる，と解される。ただ面接交渉により，子の精神的安定や福祉を害する場合は，非監護親の面接交渉権が制限されることあるは止むを得ない，というべきである。相手方は，申立人の子供に接する態度が，猫可愛がりであり，躾についての配慮がない，と主張するが，前記各記録によるも，申立人の面接交渉を否定しなければならない程度にそのような態度がある，とは認められない。また相手方は，申立人の生活態度や考え方は子供達に悪影響を及ぼす，と主張するが，これも同様にわかに首肯し難い。相手方が，申立人の事件本人らとの面接交渉を拒否する最大の心因は，申立人に対する反発心であり，将来離婚となるとき，子の親権につき，申立人に有利な地位を与えるのではないか，との恐れにあると思われる。しかし家庭裁判所はかかる心因を考慮すべきではない。もっとも面接交渉に際し，申立人と相手方との葛藤がその場に反映し，事件本人らの精神的安定を害する虞れがない，とはいえないが，これは面接交渉の具体的な日，時，場所，方法等につき，当庁調査官の指導の下に協議を行わしむることによつて，可成り軽減し得るものと解される。ただ事件本人Cについては，その年令よりして常時相手方の監護を必要とするし，また申立人に対し，面識も親近感も乏しいものと推認されるので，現在申立人と面接交渉させるのは相当でない，と考えられるので，本件申立中，同事件本人との面接交渉を求める部分は却下すべきである。そこで相手方が事件本人らを監護している現状に立脚し，事件本人らの精神的安定と福祉を考慮し，主文掲記の限度において申立人の本件申立を認容するのが相当である。」

【65】　高松高決平4・8・7 判タ 809・193

[事実]　婚姻中の夫婦の一方が，別居状態にある他方の監護している子について，面接交渉権の行使として調整を求めることはできず，家庭裁判所も，面接交渉権の具体的行使等について審判することはできないとされた。

[判旨]　「……そこで検討するに，離婚して親権者でなくなった一方の親は，子に面接する方法としては面接交渉権の行使しかなく，これが行使に際し親権者である他方の親の親権行使との調整がつかない場合においては民法766条，家事審判法9条1項乙類4号により家庭裁判所が右権利の具体的行使に関しその許否をも含め審判をすることができるのであるが（ただし，この場合は，子の福祉は，積極的要件ではなく，子の福祉に反しない限度で認めるという消極的要件となる。）両親が婚姻中にあっては，それぞれの親は親権を有し，子に対する面接は当然親権の中に包摂され，親権とは別個に親の権利としての面接交渉権が存在するわけではない（面接交渉権は，親権者でない親に認められる権利

である。）から，親権とは別個独立の面接交渉権の行使として他方の親権者との調整を求めることはできないものというべきである。前示民法及び家事審判法の各法条は婚姻中の夫婦が俗にいう事実上離婚状態にあるということでは，準用ないし類推適用が認められるわけではない。

そうであれば，本件申立ては，親権者間における親権行使の衝突ないし不一致に対する救済申立てと解すべきこととなるところ，かかる場合の解決方法は，我が民法には何らの規定も置いていない。このような立法の意図が奈辺にあるかは必ずしも明らかではないが，『家庭に法は入らず』の法諺どおり，子に対する親権の行使に係る紛争は，親権者間で解決し調整すべきものとし，いたずらに法による介入を避けたものではないかと推測されるのである（例えば，子を小学校へ進学させるについて一方の親権者が公立学校を望み，他方の親権者が有名私立校を選ぶべきものとして対立したとき，或は子の躾につき，一方が子に対し朝には必ず両親に挨拶するように求めるのに，他方はその必要がないといってさせないときに，裁判所は親権者の一方の申立てにより子は公立学校へ進学させよ，朝の挨拶はさせなくてよいなどと審判できるものでないことは極めて分かりやすい道理であろう）。本件のように，子を一方の親権者に会わせる，会わせないとの紛争も，面接させる目的が何であれ結局は親権行使に関する紛争であり，裁判所が面接の日時，場所，回数及び方法等を定め面接させよと審判することは，親権行使の方法，内容（面接が単なる形式ではなく必然的に子に対する種々の監護，教育等の実質的内容を伴うものである。）について審判することであり，前示の二例と何ら異るところはない。

すなわち，親の子に対する親権の行使は，社会通念に照らし子の福祉の上から著しく相当性を欠くような場合を除き，親権者の自由な判断に委ねるべきであり，親権者間に親権の行使につき一致を見ず対立を生じたとしても親権者間の子の福祉を第一にした自主的解決にまつべきであって，裁判所はいたずらにこれに介入すべきものではないといわねばならない。」

このように判例が混沌としていることは，面接問題が簡単に理論で割りきれない，面接による子の福祉実現も現実の家族問題の実態によって大きく左右されることを示していることがうかがわれる。とくに夫婦間の破綻が子の心理に微妙にかつ大きく影響する。面接権の理解に当っては，まずこの点の認識こそ第1の根本問題と思われる。

面接権は民法上の規定がないだけに，判例の理論の形成も容易ではない。判例は前述のように混迷状態にあるが，その評価をすれば，現段階では，判例を通して，面接権の実際の肯定・否定のケースが明かにされつつ，面接権の将来の立法に向けての積極的前進のプロセスにあるということであろう。そして立法論とすれば，面接権の本質からいって，家庭裁判所の許可事項とされることが絶対に望ましい。裁判所の判断によって，「このケースであれば，子の福祉に適う面接である」との認定こそ法理的に現段階では肝要のことといわれよう。そして，家庭裁判所の判例は，前述のように，あくまでも将来の立法の方向を指示するものでなければならない。

なおその立法論において慎重に扱われるべき問題点とは，若年層の子に対して，裁判所がどのように面接権の意味を理解させるかにある。常識的にみても子の年齢に順応した無理のない面接方法が考えられるべきである

第4章　親権の内容

——当然きめの細かい子に対する家庭裁判所の指導が必要である。そしてこの点は，実際上親に対しても必要なことである。調停でも，破綻のトラブルから，親権者側に「特別に合わせる」，「絶対に会わせない」旨の発言もよくみられ，それだけに家庭裁判所の積極的な指導が望まれる。

なお，立法論としては，面接が子に悪影響ありとされる事情があれば，面接停止の規定も当然おかれるべきである。この点は詳説するまでもないと思われる。

第9節　養育委託契約

親権者は，子の利益に反しない限り，監護教育を第三者に委託することができると解されている。幼児を里子に出して第三者にその養育を託する里子慣行も古くからあり，また，児童福祉法も，児童福祉の措置のための方便の1つとして，里親ないし保護受託者に養育を委託する制度を規定している（児福27条1項）。判例もその有効性を前提として事案を処理しているものが多い（【66】）。そして問題の性格上，第三者に対する子の養育の委託は，よく親権者の変更事由になることがある（【67】）。また前掲【40】参照。子の監護教育は，本来親権者のなすべき義務であり，それを第三者に委託すれば，非親権者の親から親権者変更の申立てがなされるのも無理からぬ

ことである。

【66】　最判昭35・3・15民集14・3・430

［事実］　Aは，昭和22年5月10日，X（原告・被上告人）と夫Bとの間に生れた男子である。その後，Xは，AをBに預けて同人と別居することにしたが，昭和25年1月10日，Bは死亡し，その直前に，Aの監護教育を第三者たるY（被告・上告人）に委託していた。そこで，昭和25年2月14日にXはAの引渡を求める調停を申し立てたが不調に終わり，さらに東京高裁に申し立てるに及び，認容された。そこでYは，原判決に，子を監護する権利の本質を誤解し，権利濫用に関する法規の適用を誤った違法があり，また右Aの居住の自由を侵し憲法22条違反があると主張して上告。棄却。

［判旨］　「上告代理人Dの上告理由第1点について。

論旨は，原判決に法令の解釈を誤った違法があると主張する。

仮に，Aの監護教育につき，その父Bが昭和25年1月20日死亡する直前，同人と上告人との間に，所論の如き委託契約が成立したとしても，それは委任に準ぜらるる契約と解すべきものであるから，特段の事情のない限り，民法656条，653条により，右Bの死亡に因り終了したものと解すべきを当然とする。したがって，右契約の存在を主張しても，親権者である被上告人に対し，右Aの引渡を拒む理由とはならない。原判決に所論の違法を見出せぬ。

論旨は理由がない。

（省略）

同第5点について。

論旨は，原判決に，子を監護する権利の本質を誤解し，権利濫用に関する法規の適用を誤つ

た違法があると主張する。

……また，同点3についても，原判示によれば，右Aは昭和22年5月10日生であり，父B死亡直後，被上告人が上告人に対し，右Aの引渡を求むる調停を申立てた昭和25年2月14日には，いまだ3才に満たない幼児であり，上告人はその頃より引続き右Aを手許におき，或は実姉C方に託して養育を続けて来たとのことであるから，上告人或はその実姉C方に留つたことが，右Aの自由意思に基いたものとは，到底解し得ない。

されば，原審確定の事実関係の下においては，被上告人の本件請求を認容した原判決に，所論の違法があるとは考えられない。

論旨も亦採用し得ない。

同第6点について。

論旨は，原判決に右Aの居住の自由を侵し憲法22条違反があると主張する。

本件請求は，右Aに対し，民法821条に基く居所指定権により，その居所を定めることを求めるものではなくして，被上告人が同人に対する親権を行使するにつき，これを妨害することの排除を，上告人に対し求めるものであること，多言を要しない所である。したがつて，本件請求を認容する判決によつて，被上告人の親権行使に対する妨害が排除せられるとしても，右Aに対し，被上告人の支配下に入ることを強制し得るものではない。それは，同人が自ら居所を定める意思能力を有すると否とに関係のない事項であつて，憲法22条所定の居住移転の自由とも何等関係がない。されば違憲の主張は，その前提を欠くに帰する。

論旨は採用し得ない。」

第9節 養育委託契約

【67】 京都家審昭30・7・26家月7・10・21

[事実] 事件本人Aは，申立人Xと相手方Yとの嫡出養女であり，XとYは，昭和27年○月○日協議離婚し，Xはその実家に帰り，Aの親権者をYと定めた。その後Yは経済的に困窮し，Aを訴外Zのもとへ里子として養育を委託した。この際養育費は全部Yが負担した。しかし，里親には別に5歳の子がおり，ZのもとでAが素直に養育されることは困難な状況にある。Yは日雇い労務者として経済状態もよくない。Aとの面会にも1回も行っていない。他方Xの実家にはXの他に，実母と姉があり，同人等は手許においてAを監護教育することを熱望している。

[判旨]「又一方申立人の実方の家庭には申立人のほかにその実母と姉夫婦があり，同人等がその手許でAを監護教育することを熱望し，経済力も十分あるのでむしろAを上記里親から申立人に引渡させて申立人及びその親族の者をして申立人の実家においてAの一切の監護教育をさせることは同人のために幸福をもたらすゆえんであることが認められる。そうすると未成年者Aの利益のため此の際その親権者を変更する必要があるから本件申立を相当として認容」

(イ) 監護教育委託契約は，当事者の合意のみで成立する諾成契約と解される。委託父母の婚姻中は共同親権者の同意が必要である。監護者が親権者の他に決められている場合，監護者のみが単独で委託をなしてよいか。学説は肯定・否定論と分れる。そして学説では，監護者の変更をきたすような重大問題は，親権者に保留されているとみる見解が有力である[95]。しかし，監護者の地位を監護権者とみ

れば，――そして事実上監護教育している――この理論も実質的におかしいといえるのではなかろうか。

　そもそもわたくしは，この問題を根本的に考えると，第三者への子の養育の委託は，その本質からいって親と第三者の間のみの契約によるべきではないと考える。まして親義務の立場からいっても，通常の物の委託契約とはその本質が異なるはずである。したがって法理的には，子の監護養育の委託は，必ず家庭裁判所の許可事項とされるべきである。この問題は，親の事情を主にすべきではなく，子の福祉が当然基本理念とされるべきであるからである。

　㈦　子の監護養育の具体的条項は，委託契約によって決まるとされる。しかし，日本人の契約観がどこまで明確にこの点をとらえうるか，という点も問題であろう。実際のケースでは，とくに親族に委託するケースにおいて考えられよう。この場合も当然前項の家庭裁判所の許可事項とされることが本来と思われる。とくに親族関係での委託では，親同士の馴合いにより，子の福祉が見失われる懸念が一層強いと思われる。

　㈧　委託契約は，一般に当事者間の信頼関係を基礎とするから，原則として当事者の一方の死亡によって解消する（653条）。しかし，この規定は強行規定ではないし，子の養育委託という事柄の性格からいって，委託者・受託者の死亡を問わず，委託関係の存続を認めるべきケースも考えられよう。とくに子が受託者の家庭環境になじみ，しかも受託家庭においても養育可能のようなケースにおいてである。契約の形式論よりも，あくまでも子の福祉のあり方が根本的に問われるべきである。

第10節　財 産 管 理

1　財産管理権と代理権

　親権者は，子の財産を管理し，その財産上の行為について子を代表する（824条本文）。

　(a)　財産管理とは一定の目的にそって財産を保管処理することである。ここにいう管理とは，「処分」も含まれるとするのが通説である[96]。まずこの点が，子のための財産管理という目的からみて，疑問がないか。本来民法上の管理権の性格には，「処分」権は含まれていないはずである。それがなぜ子の財産管理においては，親権者に認められるのか。学説でも，その行為はしばしば親権者の個人的利益のためになされることが指摘され，しかも，そのような場合にも後述の利益相反行為にはならないと解されている[97]。かりに財産「処分」が子の利益のためにどうしても必要な場合は，少なくとも法理上家庭裁判所の許可事項とされるとの慎重な配慮が望まれる。

---

95)　明山・於保編前掲書65頁。
96)　我妻・前掲書335頁。
97)　我妻・前掲書335頁。

まして，管理権の範囲はきわめて広汎にわたっている。単に現有する財産管理のみでなく，子の財産に関する一切を管理することも，ここで合わせて考慮されるべきである。

【68】 大判大 4・3・13 民録 21・371

［事実］ 原審の認定した事実によれば，本訴地所は被上告人（控訴人）Y の主張のように，Y の父 A が Y のため一時，上告人（控訴人）X の先代 B に預け登記面のみ名義にしたもので Y の所有であることが認定された。そして Y の主張は，その地所を X の親権者たる C が他に売却するに当り，Y の所有にかかる地所であることを知らずして売却しその取得した代金を以て X の負債を償却したから不当利得であるということにある。棄却。

［判旨］「民法第884条ニ所謂親権者タル母カ未成年ノ子ノ財産ニ関スル法律行為ニ付キ其子ヲ代表ストアルハ現ニ其子ノ所有ニ属スル財産ニ付キ為シタル法律行為ノミニ限局セラレズシテ広ク子ノ財産ニ影響ヲ及ホスヘキ財産権上ノ法律行為ニ付キ或制限ノ下ニ其子ヲ代表ス可キ権限ヲ有スル意義ナルコトハ民法第886条ノ規定ノ趣旨ニ鑑ムルモ疑ヲ容レス而シテ他人ノ財産権ヲ以テ売買ノ目的ト為シタル場合ニ於テ売主カ其行為ノ当時其権利カ他人ニ属スルコトヲ知ラサリシヤ否ヤハ法律行為ノ成立ニ影響ヲ来タサザルヲ以テ親権者タル母カ其子ノ為メニスルコトヲ示シテ第三者トノ間ニ為シタル財産権ヲ目的トスル売買ニ付テハ財産権ノ其子ニ属サル場合ハ勿論仮令其子ニ属セズ且ツ其事実ヲ知悉シタルトキト雖モ法律行為ノ効果ハ直接ニ本人タル其子ノ為メニ生シ子ハ之ニ依リテ権利ヲ得義務ヲ負担スヘク従テ親権者タル母カ子ノ為メ其対価ヲ受領シタルトキハ其収益モ亦子ノ財産ニ帰属スヘキヲ以テ若シ本人タル其子カ右ノ行為ニ依リ他人ノ財産上ノ損害ニ於テ不当ニ利益ヲ獲得シタル場合ニハ其利益ノ存スル限度ニ於テ他人ニ対シ之レカ返還ヲ為スヘキ義務アルハ勿論ナリトス」

(b) つぎに，親権者は財産管理・その財産の法律行為についてその子を代表するとあるが（824条），その代表の意味をどう解すべきか。主な学説を総合して考えると，子の全人格に代わって行為するという性格を根底にもつが，実質的・具体的に代理と異ならないと解されている[98]。そしてその意味であれば，法理上は代理といったほうがより明確と思われる。とくにことは財産問題であり，しかも親権の「人格の全面的同一化」という解釈では，子の人格の独立という立場からいっても近代法として明らかに疑問といえる。

(c) 父母の共同親権の場合は，父母の共同代理であるべきである（【70】。なお本書第4章第3節2参照）。

【69】 最判昭 42・9・29 判時 497・59

［事実］ 上告人 Y_1・Y_2 は，未成年で，父である上告人 Y_3，母である A の両名が法定代理人たる親権者である。ところが Y_1 Y_2 所有の株券を，Y_3 は，親権者として管理し，右 Y_1 Y_2 を代理してこれを処分する権能を有するとして，昭和31年5月頃 B の依頼に応じ，自己名義の株券等と一括担保に供する目的をもって，その使者

---

[98] 我妻・前掲書336頁。

であるCに交付した事件に関する上告審判決である。

[判旨]「そして，未成年の子の財産の管理その他の処分行為については，民法824条，825条の規定により父母が共同して親権を行使すべきであり，これに違反して，共同親権者の名義を用いないで，また，父もしくは母が親権者として単独で，未成年の子の財産に関してなした行為は無効であると解すべきである（最高裁昭和26年（オ）第366号昭和28年11月26日第1小法廷判決，民集7巻11号1288頁参照）。

上告人Y_1，同Y_2の財産に属する本件株券の処分行為について，原判決は，上告人Y_3がこれをしたことを判示するのみであって，その処分行為について，同上告人と母たるAと共同して親権を行使したことはもちろん，右Aが同上告人に対しその処分の権限を付与することに承諾を与えたことについてなんら判示することがない。」

(d) 子が雇われて働く契約のように，子の行為を目的とする債務を生ずる契約を代行する場合は，本人の同意が必要とされる（824条但書）。これは，学説では未成年の子の自由の保障のために，親権者の代理権に与えられた制限と解されている[99]。しかし，この見解も，私見によれば全く無意味といわざるをえない。その理由は，この規定がどこまで子の福祉を考えているか根本的に疑問と思われる点にある。①第1に意思能力あるとはいえ，子の同意とはどういうことなのか。②もし同意が必要というのであれば，子ではなく家庭裁判所の許可事項とされて然るべきであろう。

つぎに，労働基準法は，親権者が子に代わって労働契約を締結すること，賃金を受けとることなどを禁じている（労基58条1項，59条）。したがって，824条但書の適用があるのは，実際は同法の適用されない家事使用人になるような契約と解されるが，この考え方自体も明らかに形式論というべきであろう。

2　親権者の収益権

民法は，「その子（未成年——筆者注）の養育および財産の管理の費用は，その子の財産の収益と相殺したものとみなす」，と規定する（828条但書）。まずこの規定の趣旨は，法的に親は未成年の子に対し生活保持のための費用を負担する義務を負うが，子の財産から収益があれば，これを監護教育・財産管理の費用にあてることができる，というものである。この民法の規定は，親のあり方を根本的に考えるとき，素直に肯定されえようか。親の立場からいって，子の財産からの収益を親の子に対する監護費用にあてるとは，いかに合理的な近代法にしろ認められてよいかどうか。強いてこの点を認めるのであれば，この相殺についても当然家庭裁判所の許可事項とされることが望ましい。

まして「相殺」という用語が使われていることの意味自体が，わたくしには理解されえない。相殺とは，相対立する債権を当事者の合意によって消滅させることである。親の監護教育費用と，その財産の収益とは，子の立場から考えて，このような対立的法律関係にあるといってよいか。わたくしは，この問題

---

99) 中川淳・於保編前掲書109頁。

第10節　財産管理

についても親子関係の本質の解明を根本問題として提起したい。まして，当事者の合意といっても，親子の場合そこに客観的な合意がありうるか，この点も疑問である。

つぎに，解釈論的に考えてみたい。従来の通説は，相殺について，民法505条の相殺より広義に解し，親権者における監護養育の費用償還請求権と未成年の子における収益返還請求権とが，現実に発生をしたと否とにかかわらず，また両債権が同種の債権であることも同価値であることも要せず相殺されると解していた[100]。しかし，さすがに近時の学説は，子の立場から一般に親権者に収益権なしと解するようになってきた。これは，まさに，近代親権法としては当然の理といえる。ちなみに，論点はつぎのように要約される[101]。

(i) 第1に，収益を認める見解は，「親のための親権法」の思想のうえにたつものであって，「子のための親権法」という近代的立場と矛盾する。

(ii) つぎに「相殺」という言葉は，債権とそれに対する反対債権とを対等額において消滅させるものであり，この用語から直ちに親権者の収益権を導き出すことは困難であるとする。

かくて，以上の2点から具体的には，親の財産管理権消滅時，現存した収益は全部これを未成年の子に引き渡すべきものであると解されている。

(iii) さらにわたくしは，管理権は親権という単なる権利論のものではなく，義務の面が本質であるから，そこには「相殺」の観念が全く法理上成立する余地のないことをも附記したい。

つぎに，子の財産からの収益を親権者と未成年の兄弟姉妹を含めた家族共同体の生活費に充当してよいと解すべきか。実際にそうしたケースも考えられないこともない。学説では，その財産の取得原因，家族共同体の理念などから判断されるべきであって，必ずしもつねにこれを否定すべきものではあるまいとされる[102]。この理論はわたくしにも理解されないでもない。しかし，親の判断のみの決定は疑問であり，この問題の性格からいって，これも家庭裁判所の許可事項とされるべきであろう。

なお第三者が親権者たる父または母に管理させない旨の意思表示をなして無償で子に財産を与えたときは（【70】），その財産は明らかに父または母の管理に属さない（830条1項）。そしてその財産の管理者がないときは，第三者は管理者を指定できるし（【71】），その指定がないときおよび指定された管理者の権限が消滅したのに第三者が指定しないときは，家庭裁判所は，子・その親族または検察官の請求によって管理者を選任する（同条2項・3項）。この管理者にはすべて不在者の財産管理人に関する規定が準用される（同条4項）。

また無償で譲与した第三者が拒否しなければ，親権者たる父または母は，その財産について管理権をもつが，譲与者は親権者の管理計算義務の省略を否定できる（829条）。子の

---

100) 中川淳・於保編前掲書131頁。
101) 中川淳・於保編前掲書132頁。
102) 我妻・前掲書337頁。

利益をはかろうとする譲与者の意思を尊重した規定といえる。

【70】 朝高院判昭 5・9・18 評論 20 民 32

［判旨］「第三者カ他人ノ子ニ無償ニテ財産ヲ与フル場合ニ之ヲ親権ヲ行フ父又ハ母ノ管理ニ属セシメサルカ為ニハ第三者カ子ニ対シ財産贈与ノ意思表示ト同時ニ之ニ附随シテ其ノ父又ハ母ヲシテ該財産ヲ管理セシメサル意思ヲ表示スレハ足リ敢テ其ノ父又ハ母自身ニ対シ斯ル意思ヲ表示スルノ要ナキモノトス是民法第892条第1項ノ法意トスル所ナリ」

【71】 大判大 4・9・21 民録 21・1489

［事実］ 本件において，係争不動産はAがBを管理者として指定して被上告人Yに贈与した。ところがYの親権者がこれを上告人Xに売り渡しその登記を経た。この売買に対して，BがYの法律上代理人として無効の本訴を提起した。原審は，「……無償にて未成年者に財産を与ふる者が親権を行ふ父又は母をして之を管理せしめざる意思を表示し別に財産管理人を指定したるときは其管理人は未成年者の受贈財産を管理するに付き未成年者に代わりて必要なる行為を為す権限を有する一種の法律上代理人と解すべきか故財産を不法に侵奪されたる場合に於て之が回復を計ることは財産の管理行為に外ならざれば其回復方法として訴訟を提起するが如き因より其権限に属すべきものとす……」と判示した（東京控判大4・2・8）。X上告。棄却。

［判旨］「民法第892条第1項ノ規定ニ依リ無償ニテ子ニ財産ヲ与フル第三者カ親権者ヲシテ之ヲ管理セシメサル意思ヲ表示シタルトキ其財産ヲ親権者ノ管理ニ属セシメサル所以ハ第三者ノ意思ニ従ヒ親権者ヲシテ贈与財産ニ一切干渉セシメサルノ趣旨ニ出テタルモノナレハ親権者ハ其財産ヲ管理スルノ権ナキト同時ニ子ニ代リ其財産ヲ処分スル権限ナキモノト解セサルヘカラス若シ親権者ニシテ其財産ヲ管理スルコトヲ得サルニ止マリ子ニ代テ財産ノ処分ヲ為スノ権限アルモノトセンカ管理者ニ於テ財産ニ改良ヲ施シ又ハ之ヲ利用セント欲スルモ親権者カ其財産ヲ処分スルトキハ管理者ハ其目的ヲ達スルニ由ナキニ至リ法律カ親権者ニ財産管理ヲ為サシメサルコトヲ許シタル趣旨ヲ貫徹スルコトヲ得サレハナリ故ニ第三者カ贈与財産ニ付特ニ管理者ヲ指定シタルトキハ管理者ハ内部関係ニ於テ之ヲ管理スル権アルハ勿論財産ノ管理ニハ其財産ノ保存改良利用等諸設ノ行為ヲ必要トスルモノナレハ外部関係ニ於テモ財産管理ノ目的ヲ達スルニ必要ナル限リハ子ニ代リ一切ノ裁判上及ヒ裁判外ノ行為ヲ為スノ権限ヲ有スルモノト云ハサルヘカラス而シテ如上管理者ノ代理権ハ被代理者タル本人ノ法律行為ニ因リテ発生スルモノニ非スシテ第三者カ管理者ヲ指定スルニ因リテ生スルモノナレハ管理者ハ外部関係ニ於テ財産管理ニ関スル子ノ法定代理人ニ外ナラサルヲ以テ管理財産ニ関スル訴訟ニ付テハ子ノ法律上代理人トシテ訴訟行為ヲ為スノ権アルモノトス」

3 管理権の終了

子が成人に達すれば，親権は終了し，管理権も消滅する。親権者は，遅滞なくその計算をしなければならない（828条本文）。親権者と子の間に財産管理について生じた債権について，その有無や範囲が不明確になるおそれがあるから，管理権が消滅したときから5条の消滅時効にかかる（832条1項）。

第11節　利益相反行為についての親権の制限

1　意　義

　利益相反行為とは，親権者のために利益であるが，未成年者のために不利益な行為，または，親権に服する子の一方のために利益であるが，他方のために不利益な行為をいう（826条）。すなわち，このことが最も典型的に現われるケースとは，要するに，親権者の利益によって，未成年の子が実際に不利益を受ける場合である。したがって，親権者の不利益によって，未成年の子が利益を受ける場合などは，形式的には利益が相反していても，親権を制限すべき理由はない（たとえば単純贈与など）。

　民法は，子の利益をまもるために，この利益相反行為について，親権を制限している（826条）。すなわち，親権者は，このケースでは子のために特別代理人の選任を家庭裁判所に請求しなければならないとされる（同条1項）。また親権者が数人の子に対して親権を行う場合において，その1人と他の子との利益が相反する行為においては，両方を代理しまたは両方に同意を与えることができず，その一方のために前項の規定が準用される（同条2項）と。この民法の規定は，前述のように子の利益を保護するものであるが，なおつぎの問題点が，根本的に考えられるのではあるまいか。

　①第1に，学説も指摘するが，親権者自身との利益相反だけを制限し，親権者の近親との利益相反を制限しないことは明らかに不十分と思われることである[103]。これは，家族関係の性格，とくに日本の家族問題を考えると，子の立場が全く無視されているといえはしまいか。②つぎに特別代理人の存在も問題である。重要な財産の処分行為は，利益相反行為かどうかにかかわらず，個々的に家庭裁判所の許可事項とされるべきである（法制審議会民法部会小委員会における仮決定・留保事項の第45丙案）[104]。特別代理人といってもどの程度子のために問題を処理しうるか疑問であり，また，根本的に利益相反かどうかで争うこと自体も，子によってよい影響があるとは思われない。③つぎに共同親権者の1人とだけ相反する場合，他方の単独代理を認めず，特別代理人と他方親権者と共同で子のための代理行為がなされるべきであるとされる（【72】）。しかし，この点も，わたくしにいわせれば，形式論としか思われない。この問題もやはり家庭裁判所の許可事項とされるべきである。

【72】　最判昭35・2・25民集14・2・279

　[事実]　未成年者である原告（被控訴人・披上告人）Xの父Aは，その経営する水産会社が

---

103)　我妻・前掲書341頁。
104)　中川淳・於保編前掲書125－126頁。

倒産したので，被告（控訴人・上告人）Y₁およびその夫Cとともに，海産物の買付け，販売等の共同事業をすることとなった。しかし，右事業も継続不能の状態に陥ったから，Aの負担すべき事業上の損失金90万円についてY₁からAに対する貸金とし，その代物弁済として，Aは妻である原告の母BとともにXの親権者としてX所有の本件宅地および建物をY₁に譲渡した上，売買名義でY₁に所有権移転登記をした。その後，被告（控訴人・上告人）銀行Y₂はCに対する貸越契約の担保としてY₁から右宅地建物につき根抵当権の設定を受け，その登記を完了した。

Xは，右代物弁済による所有権の譲渡は，父Aとの間では民法826条1項の利益相反行為であり，母Bも特別代理人と共同して代理したものでないという理由から，ABともに代理権はなく無効であると主張してY₁の所有権取得登記およびY₂に対する根抵当権設定登記の各抹消を求め本件訴訟を提起した。

これに対し，Y₁Y₂は，右不動産の処分は，Xを含めたAの家族一同の共同の利益を目的とした事業の遂行のためのもので利益相反行為とはいえない。しかし仮にそうでないとしても，父Aについてのみ利益相反関係を生ずるにすぎず，母Bは親権者として法定代理権を行使することができるから，右処分は有効であるとした。

原審判決は，「本条は，親権者の一方がその子と利益相反し，他の親権者が利益相反関係にない場合にもその適用があり，利益相反の関係にある親権者は特別代理人の選任を求め，特別代理人と，利益相反の関係にない親権者と共同して，代理行為をなすべきものと解するを相当とする。」とした。

Y₁Y₂は，ここに上告し，㈠本件の不動産処分行為は利益相反行為にあたらない，㈡仮に利益相反行為にあたるとしても，民法818条3項との関係からみると，共同親権の場合に一方の親権者のみが子と利益相反の関係にあるときは，利益相反の関係にない他方の親権者が子の代理人として親権行使をすればよいのであって，特別代理人の選任を必要としないと主張し，同旨の東京高等裁判所決定（昭和33・1・23）を引用した。

［判旨］「しかし，当裁判所は，本件のような場合には，利益相反の関係にある親権者は特別代理人の選任を求め，特別代理人と利益相反の関係にない親権者と共同して代理行為をなすべきものとする原判決の見解を正当としてこれを支持し，所論引用の判例の見解をとらない。」

2 判 例 論

利益相反行為についての判例は非常に多い。判例の集積によって，この問題の法理が実質的に形成されているとみてよい。ここではとくに注目されるべきケースを抽出して述べたい。

(1) 利益相互行為

まず判例では，利益相反行為とは，財産行為が通常であるか，身分上の行為についてもまた契約のみでなく，後述の単独行為についても問題となりうると解されている。

(a) 身分上の利益相反行為

現行法上は，親権者が自分の15歳未満の非嫡出子を自分の養子とする行為が取扱例によって利益相反行為とされる（昭23・11・30。民甲3186号回答）。本来未成年養子は家庭裁判所の許可を要するが，自分の直系卑属の場合はその必要がないと規定されているから（798条但書），確かに利益相反行為とみるの

が適当かもしれない。しかし，本来はその利益相反行為を論ずる前に，自分の直系卑属の縁組について，なぜ家庭裁判所の許可事項としないかが，子の立場から改めて根本的に見直されるべきであろう。「利益相反行為」という観念では，問題の根本的解決とはならないと考えられる。

　(b)　相手方のない単独行為

　判例はこの場合，826条の適用がないとする（【73】）。しかし，学説の有力説は反対論であって，826条の積極的適用論である。その論拠が注目されるが，①第1に，民法108条は相手方のない単独行為に適用されないが，826条には相手方のない単独行為には適用されないという趣旨は含まれていない。行為の外形から判断すべしといっても，その行為が法律上当然に他方に反対の利害の影響をおよぼす場合にこれを否定すべき理由はない。取引の安全という点からも問題の余地はない。判例を支持すべき根拠を発見しえない[105]。②とくに無能力者保護の面からいえば，利益相反の形態を制限していないから，相手方のない単独行為といえども利益相反行為として親権を制限すべきである。このことは，相続放棄が，未成年者が親権者や他の共同相続人のための無償譲渡の一方法として多く利用されていることを考慮に入れるべきである[106]。たとえば，父が死亡し母と未成年の子との共同相続の場合，母が未成年の子に代わって相続放棄する行為はそれによって母の相続分が多くなるという関係にあって明らかに利益相反行為である。また，未成年の子A・Bがあり，母がAに代わって相続放棄する場合も，子1人と他の子との利益が相反する行為に該当し，Aのための特別代理人の選任が必要である（826条2項）。後見人が被後見人の放棄に同意またはこれに代わって放棄する場合も同様であると解される[107]。

　つぎに，未成年の子の相続の承認の場合はどうか。この場合は，親権者が相続を放棄し，未成年の子が相続を承認する場合，そして実際には消極財産が積極財産より多い場合が問題となり，その承認は利益相反行為という問題を提起する。そして，解釈論としては，利益相反行為に当たる場合に，熟慮期間徒過したとき単純承認とみなされるか（921条2号）が問題となる[108]。そして，この問題は，単純承認の性格をどうみるかが，理論上検討が必要である。そして，通説・判例は，単純承認を限定承認と同様な意思表示による効果とみる。すなわち，相続人が民法921条に規定する行為をなしたときには，単純承認の意思表示をなしたものとみなされ，そこに法定単純承認制度が考えられるとする。これに対し，周知のように，有力な反対説がある[109]。この学説は，単純承認は意思表示ではなく，一定の条件が備わったときに当然発生する法的効果であるとする。そして，この2つの学説

---

105)　我妻・前掲書343頁。
106)　結城喜代志「相続と利益相反行為との実証的研究」最高裁判所事務総局編・前掲書111頁。
107)　結城「前掲論文」最高裁判所事務総局編・前掲書111頁。
108)　結城「前掲論文」最高裁判所事務総局編・前掲書112頁。
109)　森泉章「法定単純承認」前掲現代家族法大系761-762頁。

第4章　親権の内容

の立場からみれば，ここで問題とする「一定の熟慮期間徒過による単純承認」をどうみるか，という形の問題として具体化される。そして，【74】は，単純承認を意思の効果とみる結果，熟慮期間徒過を黙示的単純承認の意思表示があったものとみる。そして，その結果，たとえば，相続人の法定代理人が承認・放棄をする完全な権限をもたない場合（たとえば，後見人に後見監督人のある場合――864条，利益相反行為についての法定代理権の制限――826条・860条），あるいは相続人が詐欺・強迫によって期間を徒過した場合に，【75】は取消を認める。これに対して，多数説は反対である110)。その理由は，①熟慮期間による単純承認の効果は，時の経過という事実に一定の効果を与えたものであり，法律行為の存在を擬制したものにすぎないから，期間経過までを行為とみなして取り消しうるとすることは妥当ではない111)。②その意思表示は不作為なのであるから，不作為に附せられた法律効果を取り消すというのは理論的に正当でない，などにある112)。すなわち，この場合の利益相反する事項について，法定代理権の制限に関する規定を相続の承認放棄に適用すると解すれば，特別代理人を選任しないで熟慮期間を徒過すれば単純承認とみなされても，これは無権代理行為であるから追認がない限り効果を生じないと考えられることになる。

【73】　大判明44・7・10民録17・468

［事実］上告人（被控訴人）X・被上告人（控訴人）Y等の母が明治32年○月○日死亡し遺産相続が開始した。当時X・Yは未成年者であって，その父Aの親権に服していた。本件では，AがX・Yのために相続の承認および放棄をなすについて，民法888条2項にいわれる子のための利益相反行為であるからとして，AがX・Yのために特別代理人を選任すべきか，そしてその選任なき間は，民法第1017条の期間経過しないと解すべきかが争われた。原審は，「民法第888条第2項ノ規定ハ親権ニ服スル1人ノ子ハ他ノ子トノ間ニ利益相反スル法律行為ヲ為ス場合ニ適用セラレルヘキモノニシテ本件ノ場合ノ如ク遺産ノ承認若クハ抛棄ヲ為スカ如キ単純行為ヲシテ1人ノ子ト他ノ子トノ間ニ為スヘキモノニ非サル以上ハ所謂利益相反スル行為ト為スコトヲ得サレハ本件ノ場合ニハ同条ノ適用ナキモノト云ハサルヘカラス」とした（東京控判明42・10・31）。上告棄却。

［判旨］「民法第108条ハ双方代理禁止ノ一般原則ニシテ同第888条ハ其適用ニ外ナラス詳言スレハ第108条ノ規定アルカ為メニ若シ特別ノ規定ナクンハ法定代理人タル親権者ハ自己ノ利益ト其子ノ利益ト相反スル行為又ハ同時ニ数人ニ対シ親権ヲ行フ場合ニ其1人ト他ノ者ト利益相反スル行為ヲ為スコトヲ得スシテ無能力ナル本人ノ為メニ如何ニ有益且必要ナル行為ナリトモ親権者ハ之ヲ為スコトヲ得サルニ至ルヘク無能力者ヲ保護スル所以ノモノニ非サルヲ以テ第888条ノ規定ヲ設クルニ至レルモノトス故ニ第

---

110)　中川善之助・民法大要下255頁以下，柚木・判例相続法論245頁以下。
111)　森泉「前掲論文」前掲現代家族法大系770頁。
112)　結城「前掲論文」最高裁判所事務総局編・前掲書114頁，森泉「遺産分割と登記」前掲家族法大系Ⅴ70頁。

108条ノ規定アルカ為メニ第888条ノ必要ナシト謂フヘカラサルハ勿論ナリ唯夫レ同条ニ所謂利益相反スル行為トハ必スシモ双方行為タルコトヲ要セス単独行為ナリトモ特定ノ相手方アリテ双方ノ利益相反スルモノナラシメハ之カ適用アルヘキハ亦疑ヲ容レサル所ナリトス而シテ遺産相続ノ承認又ハ抛棄ノ如キハ1箇ノ単独行為ニシテ特定ノ相手方アルニアラス抛棄ノ申述ハ之ヲ裁判所ニ為スヘキモノナリト雖モ之ヲ以テ相手方アルモノト謂フ能ハサルナリ然ラハ則チ数人ノ子ニ対シ父若クハ母カ親権ヲ行フ場合ニ於テモ遺産相続ノ抛棄ニ付キ民法第888条第2項ニ依リ特別代理人ノ選任ヲ必要トスト論スルヲ得ス」

【74】 大判明41・3・9民録14・241

［事実］ 上告人Xは未成年者であり，その後見人がXの母の遺産相続の単純承認をなすについて，親族会の同意を得なかった。この場合その承認はこれを取り消しうべきか。原審第4理由において，「民法第929条同第12条第6号ハ承認又ハ抛棄ヲ為スニ付テ親族会ノ同意ヲ要スルコトヲ決定シタルモノニシテ之ヲ為ササルコトニ付テ同意ヲ要スル旨ノ規定ニアラス」とした（広島控判明40・7・6）。破棄差戻。

［判旨］「仍テ按スルニ民法第1017条第1項ノ期間内ニ相続ヲ承認シ又ハ放棄シテ其法定期間ヲ経過シタルトキト雖モ同法第1編及ヒ第4編ノ規定ニ依リ取消ノ原因存スルトキハ其承認又ハ放棄ヲ取消スコトヲ得ルコトハ同法第1022条第2項ノ規定ニ徴シ自ラ明ナリ而シテ同法第1024条第2号ニ於テ相続人カ第1017条第1項ノ期間内ニ限定承認又ハ放棄ヲ為ササリシトキハ単純承認ヲ為シタルモノト看做ス旨規定シタル所以ハ相続人ハ法定ノ期間内ニ単純承認若ク

第11節 利益相反行為についての親権の制限

ハ限定承認又ハ放棄ヲ為スコトヲ要シ三者中必ス其一ヲ選ハサルヘカラス而シテ相続人カ相続開始ノ時ヨリ被相続人ノ一切ノ権利義務ヲ包括シテ承継スルコトハ法律ノ本則トスル所ナルヲ以テ単純承認ハ即チ本則ニシテ限定承認又ハ放棄ハ例外ナリ且単純承認ハ限定承認又ハ放棄ヲ為スニ付キ裁判所ニ申述スルカ如キ法式ヲ要セス又其意思ノ表示ヲ受クヘキ相手方存セサルヲ以テ自己独リ其意思ヲ決定シ他人之ヲ知ラサルコト少カラス故ニ法定ノ期間内ニ特ニ限定承認又ハ放棄ヲ為ササリシ相続人ハ明ニ単純承認ヲ為ササリシモ暗ニ之ヲ為シタルモノト認ムルヲ相当トシタルヲ以テナリ而シテ既ニ法律ニ於テ相続人カ法定ノ期間内ニ限定承認又ハ放棄ヲ為ササリシコトヲ以テ単純承認ヲ為シタルモノト看做シタル以上ハ仮令事実上単純承認ヲ為スノ意思ナカリシトキト雖モ法律上其意思表示アリシモノト看做スモノナルヲ以テ之ニ法律ヲ適用スルニ付テモ実際其意思表示アリシトキト同一視スルヲ当然トス故ニ民法第1024条第2号ノ規定ニ依リ相続人カ単純承認ヲ為シタルモノト看做サレタル場合ニ於テモ相続人カ未成年者ニシテ其後見人カ右単純承認ニ関シ親族会ノ同意ヲ得サルトキハ其単純承認ハ民法第887条第929条及ヒ第936条ニ依リ取消スコトヲ得ルモノト謂ハサルヲ得ス本件ニ於テハ上告人ハ未成年者ニシテ其後見人カ上告人ノ母Aノ遺産相続ニ付キ単純承認ヲ為スコトニ関シ親族会ノ同意ヲ得タルコトナキ旨ヲ原審ニ於テ主張シタルコトハ訴訟記録ニ徴シ明白ナリ而シテ上告人カ特ニ其単純承認ヲ取消シタル旨ヲ原審ニ於テ明言シタル形跡ヲ見サルモ本訴ノ請求ハ其単純承認ト相容レサル行為ナルヲ以テ之ニ因リ暗ニ取消ノ意思表示アリタルモノト思惟シ如上親族会ノ同意ナキ旨ノ主張ヲ為シタルヤモ未タ知ルヘカラス然レハ原院ハ上告人カ亡母Aノ遺産相続ニ付キ法律上単純承認ヲ為シタルモノト看做サレ其追

奪担保ノ義務ヲ承継シタルモノト認メタルヲ以テ其単純承認ニ付キ親族会ノ同意ヲ得タル事実アリヤ否ヤ若シ其事実ナシトスルトキハ取消アリタルヤ否ヤヲ判定セサルヘカラス然ルニ民法第1024条第2号ニ該当シテ単純承認ヲ為シタルモノト看做サルル場合ニ在リテハ親族会ノ同意ヲ要セサルモノトシ右事実ヲ判定セサリシハ違法ニシテ上告ハ其理由アリ」

【75】 大判大 10・8・3 民録 27・1765

　［事実］　某家の店主A男は明治31年○月，その家族の母B女・弟X男（上告人）を遺して死亡した。B女はその家督相続した後同34年○月死亡し，Xがその家督相続をした。ところが，同45年○月○日市区裁判所は，右BおよびXの家督相続はいずれも不法としてその取消の決定をした。そしてBの死亡により開始した相続はその実遺産相続であり，Xはその唯一の遺産相続人であるが，右取消決定の日から3カ月の期間内にXの法定代理人たる後見監督人Zは，Bの遺産相続の限定承認または放棄をなさずしてその期間を徒過した。その後大正2年○月○日，Xの親権者のYが，さきにZが3カ月の期間を徒過したことによって効果を生じた遺産相続の単純承認は親族会の同意を得ていないことを理由としてその取消，放棄の意思表示をした。その取消・放棄の意思表示は有効か。学説は，「民法1017条所定の3カ月の期間はいわゆる除斥期間であり，この期間内に後見人若しくは後見監督人が相続の承認（単純若しくは限定），または放棄をなす場合には親族会の同意を要すことはもちろんであるが，その除斥期間を徒過し限定承認または放棄をなす権利がすでに消滅したから，法律上単純承認をなしたとみなされるべき場合には，親族会の同意は必要とすべきでない」，との理由から，右X・Yのなした遺産相続単純承認の取消および放棄の意思表示は無効と判示した。上告棄却。

　［判旨］「既ニ法律ニ於テ相続人カ法定ノ期間内ニ限定承認又ハ抛棄ヲ為ササリシコトヲ以テ単純承認ヲ為シタルモノト看做シタル以上ハ縦令事実上単純承認ヲナス意思ナカリシトキト雖モ法律上其意思表示アリシモノト看做スヲ以テ之ニ法律ヲ適用スルニ付キテモ現実其ノ意思表示アリシトキト同一視スルヲ以テ当然ナリトス然リ而シテ同法第1022条第2項ノ規定ニヨレハ承認及ヒ抛棄ハ第1編及第4編ノ規定ニヨリ取消スコトヲ妨ケサルニヨリ相続人カ同法第1024条第2号ノ規定ニヨリ単純承認ヲ為シタルモノト看做サレタル場合ニ於テモ其ノ者カ未成年者ニシテ其ノ後見人カ右ノ単純承認ニ関シ親族会ノ同意ヲ得サルトキハ同法第887条第929条及ヒ第936条ノ規定ニ基キ其ノ単純承認ハ取消スコトヲ得ルモノト謂ハサルヘカラス（明治40年（オ）第428号同41年3月9日判決大正9年（オ）第511号同年12月17日本院判決参照）」

　(c)　つぎに，利益相反行為と行為の動機（縁由）も理論上検討が必要である。【76】は，その行為の外形で決すべきであって，その行為の動機は直接これを考慮する必要はないとする（同旨，大判大7・9・13民録24・1648，大判昭8・1・28法学2・1120，大判昭9・12・21新聞3800・8，大判昭15・7・29判決全集7・26・8）。しかし，学説は，外形論のみでなく，さらに実質的・具対的に諸般の事情を考慮すべきであるとする批判が強い[113]。

---

113)　中川淳・於保編前掲書116-7頁。

【76】 最判昭42・4・18民集21・3・671, 判時483・34

[事実] Aは，上告人Xら3名の親権者であり，甲観光会社を経営する者である。右会社の増資払込金等その営業資金に充当するために，Aは，根抵当権を設定ならびにXら3名の法定代理人として約束手形を振り出し，自らもその共同振出人となった。Xら3名は，右約束手形の共同振出につき，Aとの間に利益相反行為に当たるとして主張。原審の「民法826条にいう利益相反行為に該当するか否かは親権者が子を代理してなした行為自体をその行為の相手方との関係に於て外形的客観的に考察してこれを判定すべきものであつてそれが単に親権者の利益を図る動機よりなされたというだけでその代理行為をすべて利益相反行為ということはできない」との判決に対し上告したのが本件である。

[判旨] 「上告理由第1点について。

民法826条にいう利益相反行為に該当するかどうかは，親権者が子を代理してなした行為自体を外形的客観的に考察して判定すべきであって，当該代理行為をなすについての親権者の動機，意図をもって判定すべきでないとした原判決の判断は正当であつて，これに反する所論は採用できない（昭和36年（オ）第1013号同37年2月27日第3小法廷判決，最高裁判所裁判集民事58号1023項参照）。」

(2) 利益相反行為の事例

判例から，その主な事例をみると，①親権者と子との間の譲渡行為（【77】），②頼母子講加入権の譲渡（【78】），③子の財産の処分（【79】），④親権者の債務についての子の保証・担保（【80】），⑤子に債務を負担させる行為（【81】），⑥子の債権の放棄（【82】），⑦

第11節　利益相反行為についての親権の制限

遺産分割のケース（【83】），などにみられる。

【77】 大判昭10・9・20法学5・492

[判旨] 「被上告人が親権者として未成年の養子たりしAより本件不動産を買受けたるは互に利益相反する行為なるを以て同人の為に特別代理人を選任すべかりしものなるも特別代理人を選任せずして直接同人より買受けたればとて当然之を無効と解すべきにあらずして単に取消し得べきものなることは当院判例（昭和5年（オ）第1191号同6年3月9日言渡判決）の示す所なり」

【78】 大判昭12・5・18法学6・1215

[判旨] 「原審は上告人の親権者たりし亡Aか其の存命中被上告人か代表する因講親友金なる頼母子講に加入し居りしが該加入名義を譲渡の形式にて上告人に変更し上告人の親権者名義にて被上告人より講金を借用し其の掛返債務の担保として上告人所有の本件家屋に抵当権を設定したるものと認定し右Aの行為は未成年者たる上告人の利益のみの為に為されたるものにして之を親権者と未成年者との利害相反する行為と做し難き旨を判示したり然れども頼母子講加入者は其の満会に至る迄掛金の払込を為す義務を負ふものにして其の満会に至る中間に於て落札して講金を受領したる場合と雖爾後満会に至る迄掛返を為す義務あるを以て講加入権を譲受け講員と為ることは譲受人の為に利益のみの行為と為ることなきのみならず譲渡人は講より脱退して掛金の支払又は掛返の義務を免れ譲受人が此等の義務者と為るに因り譲渡当事者間に於ける利害相反する行為と為るものとす従て本件加

第4章　親権の内容

入権の譲渡に付ては未成年者たる上告人と親権者たりし亡Aとの利害相反する行為として民法第888条の規定に依り上告人の為に特別代理人の選任を必要とするものに属す然らば原審が左の如く判示して上告人の請求を排斥したるは講加入権譲渡行為の性質を誤解し右民法の規定を適用せざる違法あるものなり」

【79】　大判昭13・3・5判決全集5・6・21

［判旨］「原審ハ未成年者ナル被上告人ノ親権者Aカ其ノ情婦Bトノ関係ヲ絶ツニ付同人ニ対シ絶縁料ヲ給与スヘキコトヲ約シタルトコロ該債務ノ履行ニ代ユル趣旨ノ下ニ被上告人所有ニ係ル本件土地ヲBニ譲渡スヘキ旨被上告人ヲ代表シテBノ代理人タル上告人Xト約シタル事実ヲ証拠ニ依リ認定シタルモノナルコト判文上自明ニシテ必スシモ斯ク認定シ得サルニアラス之ニ依レハ本件土地ノ譲渡契約ハ一面被上告人ヲシテ其ノ所有権ヲ失ハシメ他面AヲシテBニ対スル前記債務ヲ免レシメタルモノナレハ即チ民法第888条ニ所謂親権ヲ行フ父ト其ノ未成年ノ子ト利益相反スル行為ニ該当スルモノト云フヘク論旨引用ノ当院判例ハ之ト牴触スル所ナシ又右規定ニ所謂利益相反スル行為トハ所論ノ如ク親権ヲ行フ父又ハ母ト其ノ未成年ノ子トカ各当事者ト為リ其ノ間ニ為ス行為ニシテ利益互ニ相反スル場合ノミニ限ルヘキモノニ非サルコト当院判例ノ示ス所ニシテ（大正7年（オ）第442号同年9月13日判決参照）之ヲ翻スノ要ヲ見ス然レハ原判決ニ所論ノ違法存スルコトナク論旨ハ畢竟原判決ノ趣旨ヲ正解セサルカ又ハ独自ノ見解ニ於テ之ヲ非難スルニ帰スルヲ以テ総テ採用スルニ由ナシ」

【80】　最判昭43・10・8家月21・1・101，判時537・45，判タ228・97

［事実］　本件不動産は，訴外Aの所有であったが，昭和32年7月23日Aと妻X（原告・控訴人・被上告人）の協議離婚に際して，Xおよび未成年の子X₁X₂X₃（原告・控訴人・被上告人）に贈与された。その後Xは医院を経営しようとしていたBと知り合い，同人が経営資金の一部として，昭和35年3月10日Cから金35万円を借り入れるにあたり，その連帯保証人となって本件不動産に抵当権を設定することを懇願され，Xはこれを断わりきれなくなって承諾し，自らは共有者の一員として，またX₁X₂X₃の親権者としてこれらを代理して，右債務につき各連帯保証契約を締結するとともに，同一債務を担保するため，いわゆる物上保証として本件不動産全部につき抵当権を設定することを約し，その結果抵当権設定登記を経た。昭和36年8月14日Cは本件抵当権付債権をDに譲渡し，Dは昭和38年1月25日本件不動産につき抵当権実行による競売申立をなし，同年7月22日Y（被告・被控訴人・上告人）に競落許可決定がなされ，昭和39年3月30日Yのため所有権移転登記が経由された。X₁X₂X₃は，連帯保証契約・抵当権設定契約は利益相反行為に該当し無権代理行為として無効であると主張し，Yに対し，所有権移転登記の抹消登記手続を請求した。第1審はX₁X₂X₃の請求を棄却。第2審は，XがX₁X₂X₃を代理した行為は利益相反行為に該当するとして，X₁X₂X₃の請求を認容し，Xの持分の限度でYの所有権取得を認めた。Y上告。

［判旨］「……の具体的事実関係のもとにおいては，債権者が抵当権の実行を選択するときは，本件不動産における子らの持分の競売代金が弁済に充当される限度において親権者の責任が軽減され，その意味で親権者が子らの不利益にお

いて利益を受け，また，債権者が親権者に対する保証責任の追究を選択して，親権者から弁済を受けるときは，親権者と子らとの間の求償関係および子の持分の上の抵当権について親権者による代位の問題が生ずる等のことが，前記連帯保証ならびに抵当権設定行為自体の外形からも当然予想されるとして，被上告人X_1・同X_2・同X_3の関係においてされた本件連帯保証債務負担行為および抵当権設定行為が，民法826条にいう利益相反行為に該当すると解した原判決の判断は，当審も正当として，これを是認することができる。」

【81】 大判昭10・7・19 法学5・351

[判旨]「本件貸借成立の当時被上告人Yは満11年に達せざる未成年者にして其の賃借建物は其の父たるAの旅館営業に使用せられ同被上告人は父たるAの親権の下に其の家屋に居住し監護教育を受けたるものとす斯る事情の下に在る被上告人Yをして本件賃貸借契約に当り連帯借用人として義務を負担せしむるは同人と親権者Aとの利害相反するものと做すべきこと洵に原判決説示の如くなるを以て原審が同被上告人の親権者Aが同被上告人を代理して為したる本件賃貸借契約を民法第888条に該当するものと判示したるは正当なり」

【82】 大判大10・8・10 民録27・1476

[事実] 被上告人Yの親権者Aは，Yを代理して上告人Xに不動産を売却すべき契約を締結した際，AがかねてXに対し負担する債務の内金1千円の債務消滅を条件として，Xに対する右同額の売買代金の債権を抛棄した。原審は，

第11節 利益相反行為についての親権の制限

「Aは預て控訴人に対し金2千円の借金債務ありし為め其内1千円の債務の消滅を条件として，未成年者たる被控訴人の代理人として其控訴人に対する右代金の債権を抛棄したるものと推定するに足る然ればAが被控訴人を代理して為したる債権の抛棄は自己の控訴人に対する債務の消滅と必然的に関連し未成年者と親権者との利益相反するものなること明白にして此の如き場合には民法第888条に依り親権者に代理権なきを以てAの為したる債権の抛棄は被控訴人所論の如く無効なるものと謂ふべし」と判示した（広島控判大10・4・9）。上告，棄却。

[判旨]「本件ニ付原院ノ認定セル事実ハ被上告人ノ親権者Aハ被上告人ヲ代理シテ上告人ニ不動産ヲ売却スヘキ契約ヲ為シタル際Aカ予テ上告人ニ対シ負担セル債務ノ内金1千円ノ債務消滅ヲ条件トシテ上告人ニ対スル右同額ノ売却代金ノ債権ヲ抛棄シタリト云フニ在リテ民法第888条ニ所謂利益相反スル行為トハ単ニ親権者ト未成年ノ子トカ各一方ニ当事者トナリ其間ニ為ス行為ノミニ限ラス前示ノ如ク親権者カ未成年者タル子ヲ代理シテ他人ニ対シ有スル代金債権ヲ抛棄シ他面同人ニ対シ親権者カ負担セル同額ノ債務ノ免脱ヲ得如キ親権者ノ為メニ利益ニシテ未成年者ノ為メニ不利益ナル場合ヲ包括指称スルモノト解スヘキニヨリ（大正2年(オ)第314号大正3年9月28日本院判決参照）ト同旨趣ニ出テタル原判決ニハ所論ノ違法アルコトナケレハ論旨ハ理由ナシ」

【83】 最判昭48・4・24 家月25・9・80，判時704・50

[事実] 本件土地建物はAの所有であったがAは昭和41年5月6日死亡。亡Aの妻X（原告・被控訴人・上告人）と亡Aの妾のB女との間の非嫡出子Y_1女，Y_2男（被告・控訴人・被

上告人）の3名が相続人である。同年11月2日，XとY₁・Y₂の親権者の母Bとの間で，遺産分割協議が行われ，本件土地・建物はBが取得することとなった。しかし，Y₁・Y₂はこの分割協議に不満で，本件土地・建物の所有権移転登記手続に協力しない。そこでXは本件土地建物の所有権の確認を求めて本訴提起。第1審X勝訴，第2審はY₁・Y₂の主張を認めて原判決を取り消し，Xの請求を棄却。X上告。

[判旨]「民法826条所定の利益相反する行為にあたるか否かは，当該行為の外形で決すべきであつて，親権者の意図やその行為の実質的な効果を問題とすべきではないので（最高裁昭和34年(オ)第1128号同37年10月2日第3小法廷判決・民集16巻10号2059頁，同昭和41年(オ)第79号42年4月25日第3小法廷判決・裁判集民事87号253頁参照．），親権者が共同相続人である数人の子を代理して遺産分割の協議をすることは，かりに親権者において数人の子のいずれに対しても衡平を欠く意図がなく，親権者の代理行為の結果数人の子の間に利害の対立が現実化されていなかつたとしても，同条2項所定の利益相反する行為にあたるから，親権者が共同相続人である数人の子を代理してした遺産分割の協議は，追認のないかぎり無効であると解すべきである。原審確定の事実によれば，本件遺産分割の協議は，共同相続人である被上告人両名に対し親権を有する母であるBが被上告人両名の法定代理人として上告人との間でしたものであるから，右遺産分割の協議は無効であるとした原審の判断は，正当である。原判決に所論の違法はなく，論旨は理由がない。」

(3) **利益相反行為でないとされた事例**

つぎに，利益相反行為でないとされた事例も注目される。①前述の親から子への贈与（【84】），②前述の相続の承認・放棄（【73】），③会社設立行為（【85】）。④子に債務を負担させる行為（【86】）。同旨，最判昭35・7・15家月12・10・88，最判昭37・2・27ジュリ252・2）。⑤第三者の債務についての子の保証・担保（【87】），⑥手形行為（【88】），⑦遺産分割のケース（【89】）などがある。

【84】 大判大9・1・21民録26・9

[事実] 上告論旨第1点によれば，被上告人Yが係争不動産を先代Aの隠居前大正4年○月○日Aから贈与を受けたという。当時法律上無能力者であったY（明治34年3月23日生）は自己の親権者の父Aに対し果して何人を代理人として有効に受益の意思表示をしたか全く不明である。したがって原審は当然釈明権を行使須らくその点につきYの主張を明示しなければならない。棄却。

[判旨]「未成年者ニシテ意思能力ヲ有スル以上ハ単ニ権利ヲ得又ハ義務ヲ免ルヘキ行為ニ付テハ法定代理人ノ同意ヲ得スシテ独断ニテ有効ニ之ヲ為スコトヲ得ヘキコトハ民法第4条第1項但書ノ規定ニヨリ明白ナリ然リ而シテ未成年者カ受贈者トシテ贈与契約ヲ為スハ即チ単ニ権利ヲ取得スル行為ニ外ナラサルニヨリ此場合ニ於ケル贈与者ハ縦令其未成年者ニ対シ親権ヲ行フ父又ハ母ナリトスルモ同法第888条第1項ノ適用ナキヲ以テ父又ハ母ハ未成年者タル其子ノ為メニ特別代理人ノ選任ヲ親族会ニ請求シ其選任セラレタル特別代理人ニ於テ未成年者ノ為メニ贈与ノ受諾ヲ為スヲ要セサルモノトス本件ニ付キ被上告人ハ原審ニ於テ親権ヲ行フ父Aヨリ係争不動産及ヒ債権ノ贈与ヲ受ケタル旨ヲ主張シタルモノニシテ而カモ上告人ハ其当時被上告人カ意思能力ヲ有セサリシコトヲ論争シタル事

第11節　利益相反行為についての親権の制限

迹ナキニヨリ被上告人カ意思能力ヲ有シ居リタルコトハ全ク当事者間ニ争ナカリシモノト謂ハサルヘカラス然ラハ叙上説述シタル理由ニヨリ被上告人ハ受贈者トシテ自ラ有効ニ親権ヲ行フ父Aト係争不動産及ヒ債権ニ付キ贈与契約ヲ締結シ得ヘキニヨリ被上告人ハ何人ヲ代理人トナシ右贈与ヲ受諾シ且ツ其代理人ハ適法ノモノナリシヤ否ヤヲ論究スルノ要アルコトナケレハ原院カ被上告人ニ対シ此点ニ付キ何等釈明ヲナサシメス且判示スル所ナクシテ被上告人ノ前記主張ヲ肯定シタルハ至当ナリ」

【85】　大判大6・2・2民録23・186

［判旨］「合名会社設立ノ行為ハ共同ノ事業ヲ営ムコトヲ目的トスル行為ナレハ其行為ハ当事者カ利益ヲ同フスル行為ニシテ其当事者間ニ利益ノ反スル行為ニ非サルヲ以テ親権者ハ其子タル未成年者ヲ代理シ其未成年者ト合名会社設立ノ行為ヲ為スコトヲ得従テ親権者カ其子タル未成年者ヲ代理シ其未成年者ト為シタル合名会社設立ノ行為ハ親権者カ其子タル未成年者ヲ代理スルノ権限ナキニ因リ之ヲ無効ナリト云フヘカラス而シテ原裁判所ノ判示スル所ニ依レハ甲合名会社ハA，B及ヒCノ3名ニテ設立シタルモ爾後Cハ退社シタルモノニシテ同会社ハ明治40年2月14日設立セラレ其際Bハ明治35年11月15日生ノ未成年者ナリシヲ以テ親権者タルAカ右Bヲ代表シ会社設立ノ行為ヲシタルコト争ナキ事実ナリ果シテ然ラハ右設立ノ行為ハ前示ノ法則ニ依リ有効ナリト云ハサルヲ得ス」

【86】　最判昭37・10・2判時321・19

［事実］　上告人Xら3名に対して親権を有する母である訴外Aは，自身の営業資金充当の意図で，Xら3名の法定代理人としてXら3名を代理すると共に同人もまた共同債務者となって昭和27年4月1日訴外甲会社より金6万円を借り受け，その債務につき家屋ならびに土地の各持分（Xら3名9分の2，A9分の3）の上に抵当権設定登記および変更登記を経由し，その後被上告人Yを競落人として競落許可決定が確定している。Aの行為は，利益相反行為に当たるから無効であるとXら3名は訴えた。第1審はXら3名の主張を認めたが，本件原審たる広島高裁は，利益相反行為に当たらないと判断した。そこでXらは，本上告に及んだものである。

［判旨］「親権者が子の法定代理人として，子の名において金員を借り受け，その債務につき子の所有不動産の上に抵当権を設定することは，仮に借受金を親権者自身の用途に充当する意図であつても，かかる意図のあることのみでは，民法826条所定の利益相反する行為とはいえないから，子に対して有効であり，これに反し，親権者自身が金員を借受けるに当り，右債務につき子の所有不動産の上に抵当権を設定することは，仮に右借受金を子の養育費に充当する意図であつたとしても，同法条所定の利益相反する行為に当るから，子に対しては無効であると解すべきである。」

【87】　最判昭35・7・15家月12・10・88

［事実］　上告人Xの親権者A女は，当時その夫であったB（Xの継父にあたる）が，被上告人Y銀行から金員を借り受けるにあたり，Xを債務者とし，X所有の本件各不動産に抵当権を設定し，かつ判示賃借権設定の契約を締結し，それぞれ判示登記を経由した。右の行為が親権者Aと上告人との間の民法826条にいわゆる利

益相反行為に当るか。棄却。

　[判旨]「原判決の認定するところによれば，上告人の親権者（母）であつたAは，当時その夫であつたB（上告人には継父にあたる）が被上告人から金員を借受けるについて，上告人の法定代理人として，上告人を債務者とし，上告人所有の本件各不動産に抵当権を設定し，かつ判示賃借権設定の契約を締結し，それぞれ判示登記を経由したというのであるが，右金銭貸借，抵当権設定等は，Aはその夫たるBのためにしたものであつて，A自身の利益のために為されたものでないことは原判決の認定するところである。とすれば，右の行為をもって，親権者たるAと上告人との間の民法826条にいわゆる「利益が相反する行為」というにあたらないとした原判決は正当であつて，論旨は採用することはできない。」

【88】　最判昭42・4・18民集21・3・671，判時483・34（【77】と同じ）

　[事実]　親権者Xが上告人Yらの法定代理人として約束手形を振り出し，自らも共同振出人となった。Yらの上告理由は，本件根抵当権ならびに約束手形の振出しによる債務負担行為は，Xの経営する会社の増資払込金その他営業資金に充当するためになしたもので，その約束手形はYらと個人Xの共同振出しに係るものとして，XがYらを代理して勝手に振り出したものであるから，この行為は民法826条にいう利益相反行為であると主張した。上告棄却。

　[判旨]「民法826条にいう利益相反行為に該当するかどうかは，親権者が子を代理してなした行為自体を外形的客観的に考察して判定すべきであつて，当該代理行為をなすについての親権者の動機，意図をもって判定すべきでないとした原判決の判断は正当であつて，これに反する所論は採用できない（昭和36年（オ）第1013号同37年2月27日第3小法廷判決，最高裁判所裁判集民事58号1023頁参照）。

　論旨は，本件各約束手形（論旨は，甲第1号証ないし第10号証というが，乙第1号証ないし第10号証の誤記と認める。）は上告人ら3名の親権者たるXがその法定代理人として振り出し，かつ，X個人としても振り出したもの，すなわち上告人らとXとの共同振出にかかるものであるから，共同振出人相互の関係において利益相反が考えられるところ，この点について原判決の判断には，法律解釈の誤り，理由不備の違法があるという。

　しかし，原判決は，挙示の証拠関係に徴し，所論手形行為の原因関係たる貸付は上告人ら自身が債務者となり，Xはその連帯保証人となったものであること，および，本件各手形はいずれも右借受金支払のために振り出されたものであることを認定し，右事実関係を外形的に観察した場合，上告人らと親権を行なうXとの間に民法826条所定の利益相反関係は存しない旨判示しているのであるから，所論理由不備はなく，かつ，その判断は首肯できる。また，所論挙示の大審院判例は，いずれも本件と事実関係を異にするものであつて，原判決に右判例違反はない。

　従つて，論旨はすべて採用できない。」

【89】　札幌高判昭46・4・27訟務月報17・8・1284

　[判旨]「二　本件の争点は，共同相続人が，死亡した被相続人の妻と未成年の子1人とであるとき，その遺産の分割の協議で子が遺産全部を取得し，妻（子の親権者母）は何物も取得しないことと合意した場合，右未成年の子がその取得した遺産（不動産）につき相続による所有

第11節　利益相反行為についての親権の制限

権移転登記申請をするに際しては，右遺産分割の協議につき子のための特別代理人が選任されたことを証する書面の添付を要するかどうかにあるので，この点につき判断する。

1　外国人がわが国に所在する不動産についてする相続登記手続は，法例第10条により，わが不動産登記法に従うものである。しかして，不動産登記法第41条は，相続登記申請書の添付書面として，相続を証するに足るべき書面を掲げているところ，共同相続人が遺産分割の協議により相続不動産を取得することになつた場合にはその遺産分割の協議に関する書面が，右の，相続を証するに足るべき書面の1つとなると解される。

2　ところで，本件の場合，控訴人とその親権者母との間の法律関係について適用される韓国民法第921条は，わが民法826条と同じように，親権者とその親権に服する子の間の相反する行為については，親権者は，法院に，特別代理人の選任を請求しなければならないと定めている。しかし，同法条の趣旨は，右両者の間に利害関係の対立がある場合に，子の利益を保護することを目的としていると解される。従つて，一般的には親権者と子との間の利益が相反する行為であつても，当該行為により，親権者の不利益によつて子が利益を得るだけで，その利益を害されることがない場合には，何ら親権を制限すべき理由はないから，該行為は利益相反行為とはならないと解するのが相当である。

3　いうまでもなく，……遺産分割の協議は，遺産を現実に，具体的に共同相続人の間に分属させる合意であるから，その性質上，一般的には相続人間の利害が対立する行為である。けだし，その分割協議により一方の得る利益が多ければ多いほど，それだけ他方の利益が害される関係にあるからである。しかし，これを本件についてみるに，A′ことAが死亡し，その相続人は未成年者たる控訴人とその親権者である母（Aの妻）B′ことBであるところ，遺産分割の協議により，控訴人がAの遺産全部を取得し，母Bは何物も取得しないことと合意した，というのであるから，右遺産分割の協議は，親権者の不利益において子が利益を受けるだけで，何ら子の利益を害するものでないことが明らかである。したがつて，かような協議（合意）については，前記法条の趣旨からして，子のための特別代理人を選任し，これをして代理せしめる必要はないものというべく，してみると本件相続登記の申請書には，控訴人のための特別代理人の選任を証する書面を添付することは要しないものと解するのが相当である。

4　もつとも，わが登記法が登記官の審査権限に関しいわゆる形式審査主義を採用していることから，右のように結論づけることは，遺産分割の協議の内容に関する審査を登記官に求めることになり，その権限を超えるものであるとの見解も考えられないでもないが，……右形式審査主義のもとにおいても登記官は提出された書面に記載された文言から該登記の申請が登記せらるべき権利変動を目的とするものであるかどうかについての審査を排除するものではないところ，本件の場合については控訴人が提出した，当事者間に争のない「遺産分割協議書」その他の添付書類を一読すれば，未成年者たる控訴人が遺産全部を取得し，他のただ1人の共同相続人である控訴人の母Bは何物も取得しないことを知りうるのであり，従つて控訴人に何ら不利益を与えるものではないことが外形的に明らかであるから，登記官において，かような分割協議はいわゆる親子間の利益相反行為にあたらず，これについては特別代理人の選任を要しないとの判断を及ぼすことは，登記官の権限に関する形式審査主義に抵触するものではないと解する。

三　以上説明してきたとおりであるから，被

控訴人が，控訴人の本件登記申請に対し，本件遺産分割の協議につき控訴人のために特別代理人が選任されたことを証する書面が添付されていないことを理由として却下した本件処分は，違法といわざるを得ない。

従って，これが却下処分の取消を求める控訴人の本訴請求は認容すべきものであり，これを排斥した原判決は不当であるから取り消すこと」とする。

(4) まとめ

上の判例をみてとくに問題と思われる点は，【76】にもみられるが，判例・通説は，利益相反行為性は，「行為自体」ないし「行為の外形」から判断すべきであって，親権者の意図やその行為の実質的な効果を問題とすべきではないとする形式説にたっていることである。この見解は，問題判断の基準を明確にする点で長所があり，実際上第三者保護のうえでは合理的であるが，しかし反面，未成年の子の利益の保護となると疑問点が考えられないでもない。たとえば，学説では，【86】にみられるように，親権者が自ら債務を負担することなく，代理行為により，直接未成年の子を主債務者とする消費貸借契約を締結し，その所有不動産に抵当権を設定する行為なども，この形式説によれば利益相反行為に該当しない。これでは民法826条の制限は容易に潜脱されるとの問題点が考えられる。もっとも，学説では形式説にたっても，親権者の右のような意図も相手方において了知可能である場合には，解釈により，真実の債務者は親権者である，と認定されるべきとし，理論の苦心を払っている。ここにおいて，かくて近時の有力説は，利益相反行為制度の趣旨は，実質的にみて未成年の子の不利益において法定代理人が利益を得るのを防止することにあるとして，実質的に利益相反性を判断すべきことを主張するようになってきた[114]。この理論によれば，ある行為が一方において親権者に利益をもたらし，他方において未成年の子に不利益をもたらす場合には，それが「行為の外形」から認識されうるか否かを問わず，利益相反行為に該当し，特別代理人の選任を要すると解すべきこととする（利益相反性の有無は，第1に，特別代理人選任手続の要否という要件論のレベルでの問題であり，ここにおいては親権者の適正権行使を期待しうるか否かという観点こそが決定的に重要であると考える）。そして，この選任手続をふまずになされた親権者の代理行為は無権代理行為であるが，なお第三者は表見代理規定により保護されうると説く。

さて，両説を比較して検討する場合，法理論としては，実質説が未成年の子の利益の保護に適っていることは明らかである。

3 特別代理人

つぎに特別代理人の選任は，家庭裁判所による。子の利益をまもる立場からであるが，しかし，学説からすでにつぎのような重大問題が指摘されている。

---

114) 磯村保「連帯保証等と利益相反行為」家族法判例百選（3版）135頁。
115) 中川淳・於保編前掲書123頁，中川善之助・前掲書526頁。

第11節　利益相反行為についての親権の制限

(1) 第１に，特別代理人に選任される者の資格について，なんらの法律上の制限のないことが問題となる[115]。この点を法理的に考える場合，特別代理人とは，未成年者の財産状態・家庭環境，とくに当該行為の必要性について詳しく知り，未成年者の利益のために働くことの期待できる者が選任されるべきである。しかし実際はどうか。家庭裁判所が職権で適任者を探すことができないために，結局は，申立人の親権者の推薦する者のなかから選任されてしまう。すなわち，その多くの場合は，選任された特別代理人とは，学説のいう，「親権者の影武者」，「ロボット」，「身がわり」にすぎないという現実となる[116]。

(2) 選任された特別代理人の権限の範囲については，当然厳格な解釈が必要であるが，【90】はかなり広汎な権限を推認する。もっとも家庭裁判所の審判において特別代理人の権限の範囲を特定し厳格に解釈することは，実務から考えると問題がないでもない。実務上の融通性・弾力性が欠くおそれがあり，そもそもその権限を特定しても，これを特別代理人およびその相手方に強制する方法もない。しかも，その範囲を逸脱して行われた行為は，通説・判例は後述のように無権代理行為として事後的に処理されるにすぎないとみる。

【90】　大判大 4・7・28 刑録 21・1170

［事実］　原判決は公訴事実の第１として，被告Ｙはかねてに対し多額の債務を負担していたが一部の弁済をなしたため明治41年１月頃には残額600円になった。これについては，被告所有の土地を抵当とし新たに借用証書を差し入れることとなった。抵当権設定登記申請手続をなすにつきＡより委任状の交付を受けたところ，その申請をなすに当り，当時17歳にしてＹの親権に服していたＹの子Ｘの親権者としてＸを借主とし貸主Ａに宛てた明治41年１月１日附金200円の借用証書（証第１号）を作成し前示土地の一部を抵当とし，Ｙは保証人兼抵当義務者となってこれに連署し，同月25日大垣区裁判所揖斐出張所に，抵当権設定登記申請をなすに際し右借用証書を提出し登記官吏において登記完了の上規定のようにこれに登記済の旨を記載し登記所の印を押捺した上これを還付した。Ｙはその還付を受けた後Ｙ住所において右登記済証たる借用証書の借用金額200円を600円と改竄しかつ抵当物件として新に某地の２筆を書加えて，計３筆の土地を抵当とした金額600円の登記済借用証書のように変造し同日これが情を知らないＡに交付して行使した。棄却。

［判旨］　「親権者ト未成年ノ子ト利益相反スル行為ニ付テハ親権者ハ未成年ノ子ヲ代表シテ之ヲ為スコトハ法律上之ヲ許ササルモノニシテ必ス特別代理人ニ依ラサルヘカラサルヲ以テ如此場合ニ親権者カ未成年ノ子ヲ代表シテ為シタル行為ハ全ク其効ナキモノナルコト明カナリ故ニ追認ニ依リ其効ヲ生セシムルニ由ナシ」

以上の点を考えると，前述のように特別代理人制度は，家庭裁判所の職権による選任制でもない限り，子の利益保護には大きな疑問が残る。そこですでに指摘したように，子の財産・身分問題はすべて根本的に家庭裁判所の許可事項とするほうが，明らかに法理上妥

---
116)　中川淳・於保編前掲書123頁。

当と考えられる。

4　親権者の代理行為の効力

　親権者が，未成年の子と利益相反する行為について，826条に違反して自から代理してなした法律行為の効力はどうか。民法上規定はない。判例はつぎのように変遷している。すなわち，古くは当然無効とした（【91】）。その後取り消すべき行為と解し（【92】），さらに無権代理行為として本人の追認がない限りその効力を生ぜず，追認をまってはじめて有効と解するようになった（【93】[117]）。

【91】　大判昭6・3・9民集10・108

　[事実]　訴外A（未成年者）が，X（上告人）に対して有していた貸金・売掛代金などの取立ての便宜のため親権者の母のY（被上告人）に譲渡し，X・Y間で右債権中1万円につき準消費貸借契約を締結するとともに，X所有の不動産につき抵当権設定を約した。しかし，Xの抵当権設定登記手続を履践しないので，Yが右消費貸借公正証書を利用して抵当権設定の仮登記をした。これに対して，Xは，A・Y間の債権譲渡は利益相反行為として無効であり追認も許されない旨主張して右仮登記の抹消を求めた。

　[判旨]　「未成年者ヨリ直接ニ其ノ親権者ニ対シ債権ヲ譲渡スルカ如キハ未成年者ト其ノ親権者トノ利害相反スル行為ニ外ナラストモ（旧）民法第888条ノ規定ハ斯ル未成年者ト其ノ親権者トノ間ノ直接ノ行為ヲ絶対ニ禁止スルモノト云フコトヲ得ス蓋同条ノ字句上之ヲ禁止スルノ趣旨ヲ看取スヘカラサルノミナラス斯ル行為ヲ当然無効ノモノトスル必要ナク却テ其ノ効力ヲ是認スル実益アル場合ナシトセサルヲ以テナリ而シテ叙上ノ行為ハ一面ニ於テ当然無効ノモノニ非サルコト前示ノ如シト雖他面ニ於テ未成年者ノ利益ノ保護セラルヘキハ固ヨリ言ヲ俟タサルトコロナルカ故ニ未成年者ニ於テ之ヲ取消スコトヲ得ルモノト解スルヲ相当トスヘシ」

【92】　最判昭46・4・20判時621・53，判タ264・192

　[事実]　親権者（父）Xが自己の債務につき，Xと4名の子（A・B・C・D）の共有に属する不動産を担保の目的で債権者Yとの間で，Yを買主，自己ならびに4名の子を売主とし，かつ親権者として4名の子を代理して，売買予約を締結し，Xが債務を履行しないときは，Yの一方的意思表示によって，右債権の債権額を売買代金とする売買を締結し，売買代金は右債権をもって充当する旨の合意がなされた。しかるにXが債務を履行しないので，Yは予約完結の意思表示をし，本件不動産につき建物収去土地明渡を請求。そこでXが自己の債務を担保するために，子を代理して不動産の売買予約を締結した行為が，親権者と子の間の利益相反行為として絶対無効か，無権代理行為として追認が許されるかが争点となった。

　[判旨]　「上告人A，訴外B，C，Dは，名古屋地方裁判所昭和38年（ワ）542号，その控訴審である名古屋高等裁判所昭和40年（ネ）第60号，その上告審の最高裁判所昭和40年（オ）1379号事件の係属中，被上告人またはその訴訟代理人に対し，上告人による本件土地の売買予約に関する無権代理行為を追認したものであり，これ

---

[117]　門坂正久「利益相反行為の効力」家族法判例百選（3版）140-1頁。

により，右売買予約中右4名の共有持分に関する部分は，その成立の時に遡って効力を生じたものである旨，および親権者が民法826条に違反して，親権者と子の利益相反行為につき法定代理人としてなした行為は民法113条所定の無権代理行為にあたる旨の原審の認定判断は，原判決挙示の証拠関係に照らして首肯できる。原判決に所論の違法はなく，論旨は採用できない。」

【93】 大判昭9・5・22民集13・1131

[事実] 上告人（被控訴人，被告）X₁の先代Aおよび同人妻＝上告人X₂は実子がなかったから，その家の家督相続の目的で，昭和2年○月○日Aの血族をひく被上告人Yを養女とし，昭和4年○月○日X₁を婿養子として各入籍させた。ところが，YとX₁はついに婚姻に至らなかった。しかもかえって紛争を生じ親族調停の結果協定が成立した。すなわち，昭和6年○月○日「Aの財産のうち一部はX₂の隠居分として，分与し，他の残部をYおよびX₁ X₂の都合3名の共有となし，なおX₂の隠居分として分与した財産を同人が処理する場合は，YおよびX₁の同意を得る上これを為すべきこと」を契約したのであった。さてYは右X₂の隠居分として同人に分与すべき部分を除いた残余につきYの共有権の確認を求め，かつ不動産についてはその持分の所有権移転登記をなすべきことを要求したが，X₁ X₂が応じなかったので本訴におよんだ。なお本件契約当時X₁は未成年者であって，X₂の親権に服していた。X₁ X₂側は，答弁として，X₁の先代AとX₂との間に実子のないこと，右Aが昭和5年○月死亡し，X₁がその家督相続をなしたこと，およびY主張のように，契約が当事者間に締結された事実を認め，抗弁の1つとして，本件契約当時X₁は未成年者であってX₂の親権に服していたから，X₁はX₂との間に利益相反する内容を有する本件契約を締結するには必ずX₁のため特別代理人を選任させなければならず，この選任をしないで締結したからその契約は無効であると主張した。原審は右抗弁に対し「本件契約ハX₁ニ於テ自ラ契約ヲ結ヒタルモノナレハ特別代理人ヲシテ之ニ当タラシムルノ要ナシX₁ハ契約ニ依リ其ノ一部権利ヲ失フ結果トナルヲ以テ之ヲ為スニ付テハ固ヨリX₂ノ同意ヲX₂ハ親族会ノ同意ヲ経サルヘカラサルコト論ヲ俟タサルモ証拠ニ依レハX₂及X₁ノ親族全員5名等数次会合協議ノ上本件契約ノ締結ヲ承認シ居ルコト明白ナレハ之ニ依リ法定代理人トシテノX₂及X₁ノ親族会ノ同意アリタルモノト認メ得ベキ旨」判定した。破棄差戻。

[判旨] 「未成年者カ法律行為ヲ為スニ付法定代理人ノ同意ヲ要スル所以ノモノハ未成年者ハ事ニ当リテ利害得失ノ判断ヲ為スニ付概ネ智能十分ナラサル為法定代理人ノ同意ヲ得テ始メテ法律行為ヲ完全ニ為シ得ルモノトシ以テ未成年者ヲ保護スルニ在リ故ニ法定代理人カ右ノ同意ヲ為スニ付テハ須ク虚心坦懐自由ニシテ公平ナル判断ニ依リ専ラ本人タル未成年者ノ為ニ之ヲ為ササルヘカラス然ルニ未成年者カ其ノ決定代理人タル親権者ト利害相反スル法律行為ヲ為ス場合ニ於テハ未成年者ノ該行為ニ付テノ規権者ノ同意ハ未成年者ト利害相反スル地位ニ在ル関係上自己ノ利益ヲ図ルニ急ニシテ保護スヘキ未成年者ノ利益ヲ顧ルヲ得サル虞ナシトセス左レハ斯ル未成年者カ法定代理人タル親権者ト利害相反スル行為ヲ為スニ付其ノ親権者カ同意ヲ為ス行為モ亦民法第888条第1項ニ所謂利害相反スル行為ニ該当シ特別代理人ヲ選任シテ其ノ者ヲシテ之ニ当ラシムヘキモノト解スルヲ相当トス又父或ハ母カ数人ノ子ニ対シテ親権ヲ行フ場合ニ於テ其ノ1人ト他ノ子トノ利益相反スル行

第4章　親権の内容

為ニ付テハ其ノ一方ノ為ニ父又ハ母ハ特別代理人ヲ選任スルコトヲ親族会ニ請求スルコトヲ要スルコトハ同条第2項ニ規定スル所ナリ然ルニ原審ハ上告人 X_2，X_1及被上告人Yノ代理人訴外Aカ右 X_1ニ於テ家督相続ヲ為シタル本件不動産及動産ノ一部ヲ上告人 X_2ノ隠居分トシテ同人ニ分与シ其ノ他ノ全部ヲ上告人及被上告人等3名ノ共有トナスヘキ旨ノ契約ヲ為シ而シテ当時上告人 X_1 及被上告人Yハ未成年者ニシテ上告人 X_2ハ同人等ニ対シ親権ヲ行フ養母ナリシ事実ヲ確定シタル上論旨摘録ニ係ル判示ノ如ク右契約ノ内容ハ X_1 ト X_2 間及 X_1 ト被上告人間何レモ利益相反スルモノナル事実ヲ認定シナカラ親権者タル X_2 ハ特別代理人ノ選定ヲ得ルコトナクシテ X_1 ノ為ニ其ノ法定代理人トシテ有効ニ本件契約ヲ締結シ得サル筋合ナルモ右契約ハ X_1 ニ於テ自ラ契約ヲ結ヒタルモノナレハ特別代理人ヲシテ之ニ当ラシムルノ要ナク又被上告人Yハ契約ニ依リ単ニ権利ヲ取得スルニ止ルモノナレハ特別代理人ノ必要ナキヤ勿論ナル旨ヲ判示ス之レ全ク冒頭ニ説示シタル民法第888条ノ解釈適用ヲ誤リタルニ職由スルモノニシテ固ヨリ違法ナリ」

そして学説の現段階の問題点は，この追認をどうみるかにある。子は成年に達すれば，その自由意思によって追認できるとはいうものの，実際は家庭問題の非合理性から考えると，とくに親子の間では子は追認せざるをえないというのが実相ではなかろうか。また，古い学説のように無効といったところでどれだけの効果があるか疑わしい。このように考えると，前述のように子の財産処分については，家庭裁判所の許可事項とすることが，その本来的あり方といえるのではなかろうか。

5　親権者の同意

親権者と利益相反する行為を未成年者が自からなすに際し，親権者が与える同意についても，826条の適用があるか，学説・判例【94】は肯定的である（たとえば，未成年の子がその財産を親権者に与えるについて同意したとき）。この親権者の同意は，明らかに法理上同意なき行為となって，取り消しうるものと解されるべきである（4条3項），というのである。

しかし，この問題も，前の問題と同じく家庭裁判所の許可事項とすることが，その本来の解決方法と思われる。

【94】 東京地判昭 7・6・1 評論 21 民 601

［判旨］「被告カAノ遺言ニ基キBニ分配セラルヘキ財産ヲ其遺言執行者ヨリ受取ルコトヲ拒ミタルコト有ルハ乙第1号証（其成立ハ証人Cノ証言ニ依リ真正ナルコトヲ認ム）ニ依リテモ之ヲ知ルニ難カラストト雖モ其之ヲ拒ミタルコトカBニ遺産ノ分配セラルルコトヲ喜ハサルカ為其他Bノ不利益ヲ計ルノ意図ニ出テタルモノナルコトハ原告ノ全挙証ニ徴スルモ之ヲ認定スルニ足ラス却テ右乙号証及証人Cノ証言等ニ依レハ右ハA死亡後被告ト原告トノ間特ニ意思ノ疏通ヲ欠キ原告ヨリ人ヲ遣シテ寡独ノ生活ヲ為シ居ル被告ニ対シ遺産等ノ事ニ付交渉ヲ為シ来レル事実アリテ被告ハBノ親権者トシテ右遺言執行者ノ提供ニ係ル遺産ヲ受取ルトキハ或ハ原告側ヨリ困難ナル問題ノ持掛ケラルルコト有ルヘキヲ慮レ原告トノ和議成ル迄遺言執行者ニ於テ保管スヘキコトヲ希望シタルカ為メニ外ナラス敢テBノ不利ヲ計リタルカ為メニ非サルコトヲ

認定シ得ルヲ以テ固ヨリ親権濫用有リト謂フヘカラス」

6 親権者の双方代理

親権者が一方で，他人の任意代理人となり，他方で子を代理して，その間の契約を締結し，または子がそれをするのに同意する場合も，108条によらず，826条を類推適用するのが妥当と解されている。親権者の代理する者と子の利益との利益相反行為ということだからである[118]。この点も前と同じ課題が指摘されよう。

---

118) 我妻・前掲書346頁。

第5章　親権・管理権喪失

民法は、親権の喪失という題目のもとに、①親権の喪失の宣告、②管理権喪失の宣告、③親権の辞任、④管理権の辞任の4つの制度を認める。前の2つは、親権者の意思に関係なく、子の福祉のために親権（管理権）の全部または一部を失わせるものであり、後の2つは、親権者の意思に基づいて、同じく親権の全部または一部を失わせる。以下個別的に考える。

第1節　親権喪失の宣言（834条）

1　実質的要件

父または母が親権を濫用しまたは著しい不行跡であること（834条）である。父母の共同親権行使の場合には、喪失の宣告は別々に行われるべきであり、原因の有無も父母別々に判断されるべきである。そして、この実質的要件の判断にあたっては、法理上つねに親権に服する子の福祉ないし利益が基準とされて、その親権者を排して子を他の保護に委ねることが、その子のためであるか否かが考慮されなければならない（通説）[119]。そして、具体的には親権剥奪とは、親権者に対する懲罰のためでなく、親権濫用・親の不行跡が子の利益を害し、子の心身の健全な発達を害する結果を招く、という立場から剥奪されなければならないというのが通説である。

この通説の理論のポイントは、子の利益を重視して親権者に制裁を加えるのが目的ではないとされる。それは、具体的にはその親権者を排して子を他の保護に委ねることと、子の利益のためになるかどうかが考慮されるべきだというのである。しかし、この理論には、どうしてもわたくしには疑問が残る。①第1に、この理論では、親権剥奪の本質のなにかが明確ではないと考えられる。②第2に、この理論では「利益」という表面上の観点からの形式論にすぎないとも考えられる。③第3点として、親権を剥奪された親とはなにかについて全く考慮が払われていないことも問題である。そして、さらに、根本的には、子の

---

[119]　太田武男・於保編158頁。

第5章 親権・管理権喪失

心理上親権剥奪がどのような影響をもたらすかこそも深く考慮されるべき問題である。また、実際の問題として、この問題をめぐる親族間の深刻なトラブルも想像されないことではないという問題もあろう。

このようにみると結局、親権剥奪原因として民法の規定している後述の「親権濫用」ないし「著しく不行跡」については、単に表面的事実から法的に判断されるべきではなく、家庭裁判所では、カウンセリングを重視し、この問題が親子ないし家族の幸福にどう影響するかについての慎重かつ生きた判断からの審判が下されるべきだということになると思われる。そして、さらに、親権＝親義務の立場からこの問題を考えるのであれば、前述の通説ではとうてい問題の本質に適った理論とはいえないことは明らかと思われる。すなわち、親権＝親義務と考えて、そして、家庭裁判所による親権剥奪ということであれば、まさに国による親の地位そのものに対する不信を法的に明確にしたというべきであり、この剥奪論の前に親の地位そのものの本質究明が法理的には前提の問題と思われる。そして、この場合、親権を剥奪された親とはなにかこそ、まず具体的に問題とされるべきである。たとえば親権者として子と同居して扶養しつつ監護教育している場合（たとえば父の場合）、親権を剥奪された親に扶養義務が当然あるとはいえ、実際にそれが期待できるかきわめて疑わしいとみるのが真相といえるのではなかろうか。

(1) **親権濫用**

まず親権濫用とは、学説によれば、親権者が親権の内容の身上監護・財産管理などの職分を不当に行使し、または不当になおざりにして、子の福祉を著しく害することをいう[120]。たとえば、親権者が懲戒の度を過し、または監護教育をなおざりにして子を放置するなどの行為は、身上監護の濫用の最たるものであり、また親権者が、子の財産を不当に処分したり、また子に不当に債務を負担させる行為は、財産管理権濫用の最たるものといえる。

(a) 身上監護権の濫用

この問題では、親権者が正当な理由なく子の監護教育義務を怠り、かつ、子の福祉を著しく害する行為というように、いわゆる消極的濫用のケースで注目される[121]。判例【95】はその定型的ケースといえる。消極的濫用をとりあげる理由は、親の身上監護を怠ることについては、社会的に正当と思われる理由がない限り許せないとする趣旨であろう。判例【96】は、事件本人の親権者としての職務執行を停止し、児童相談所長をその職務代行者としたケースで注目される。

【95】 東京高決昭55・3・21 家月32・12・44

［事実］ 夫Bが死亡後、他の男性D方への外泊を続け、子らを父方の祖父のもとに置いたままDと婚姻した母Aについて親権喪失が申し立てられた。この事案では、Dと情交関係を継続

---

120) 太田・於保編前掲書158頁。
121) 辻　朗・新版注釈民法200頁。

第 1 節　親権喪失の宣告（834 条）

したことによって，子らの心身の健全な育成が妨げられたとは認められないこと，Ａを子らと別居せざるを得なくさせ，親権を事実上行使し得なくさせたのは抗告人らの圧力によるものと認められること，現在Ａは収入の道もなく子らへ生活費の仕送りはしていないが，子らを引き取って親権者として監護養育する意思を有していること等がみとめられる。この事実を認定の上，申立てを却下した原審判を相当とした。

[判旨]「Ａは，昭和 41 年 5 月 13 日亡夫Ｂと結婚して以来，同人の両親である抗告人及びその妻Ｃ（昭和 52 年 6 月 11 日死亡）と同居し，Ｂとともに子らの養育監護に当っていたが，Ｂが昭和 52 年 11 月 15 日死亡してから 1 年後の昭和 53 年 11 月末頃，結婚歴はあるものの当時独身であったＤと知り合い，同年 12 月頃から毎夜のごとく同人方へ赴き外泊し（当時結婚するまでの意思はなかったが，情交関係をもっていた。），朝帰りをするという生活を続けていたが，その間も子らと抗告人のために朝夕の食事の用意と洗濯等の家事は欠かさずしていたこと，ところが，Ａの右外泊を快からず思っていた抗告人ら親族は，Ａの処遇及び子らの養育監護の方法を定めるため，昭和 54 年 3 月初旬頃Ａ欠席のまま親族会議を開き，「子供 4 人は抗告人方へ残し，Ａを○○家から出すこと」を決めるに至ったこと，Ａはかねて抗告人に対し，自分は従前どおり抗告人方で子らと生活したいとの希望を表明し，ただＤとの関係を維持することは認めてほしいと要請していたが，抗告人らはこれを聞き入れず，右会議の結果どおりにするようＡに迫ったので，Ａはやむをえず子らを置いたまま抗告人方を出て，昭和 54 年 3 月 17 日Ｄと結婚するに至ったこと（当時Ａは 34 歳であった。），その後，Ａが子らへの生活費の仕送りをしていないことは事実であるが，同人は無職であり，他に収入の途はなく，Ｂの死後自己を受取人とする生命保険金は受領したものの，遺産相続によりみるべき資産を何ら取得していないこと，Ａは，別居後現在に至るまで子らを引取って親権者として監護養育する意思を有し，裁判手続を経てでもこれを実現したいと望んでいることが認められる。

右の事実によれば，夫Ｂの死亡 1 年後に当時 34 歳のＡが他の男性と情交関係を継続していたことは親権者としてなんら非難に値しないとはいえないけれども，これによって子らの心神の健全な育成が妨げられたことを認め難い本件において，Ａの右行為をもって直ちに著しい不行跡であると断定することは酷というべきであるし，また，前認定の事実関係のもとにおいては，母として子らを監護養育する意思のあるＡを子らと別居せざるを得なくさせ，親権を事実上行使し得なくさせたのは抗告人ら親族の圧力によるものと解さざるを得ないから，Ａが親権を濫用しているものということもできない。」

【96】　熊本家審平 10・12・18 家月 51・6・67

[事実]　事件本人Ｘ（養父）の未成年者Ａ・Ｂ（2 人）に対する虐待を避けるため未成年者を一時保護した児童相談所長が申し立てた親権喪失宣告申立事件を本案とする審判前の保全処分（職務執行停止及び職務代行者選任）申立事件において，Ｘの親権者としての職務執行を停止し，児童相談所長をその職務代行者に選任した。

[判旨]「(5)　虐待の事実
（Ａについて）
①　Ａが小学 4 年の 3 学期ころ，祖母方で家族 6 人が 4.5 畳間に雑魚寝していたとき，事件本人がＡと同じ布団に入ってきてＡの体に触れるようになり，しばらくして，事件本人はＡに対し性交渉を強要し，その際，上記の狭い部屋で，

実母が寝ている横で行われたが，実母はしばらくはこれに気付かなかった。事件本人は，Aが性関係を拒否すると，腹いせに実妹のBに暴力を振るったので，Aはこれを断わることができなかった。（なお，平成10年4月からAが中学校に入学して以来現在まで，事件本人のAに対するいわゆる性的虐待は収まっている。）

② 事件本人は，Aが小学6年の3学期ころまで頻繁に性交を強要し，近所で事件本人のAに対する性的素振りが噂になった。しかし，事件本人は，Aと性交類似の行為をしたことは認めたものの，性関係を持ったことは否定していたが，後記認定のとおり，実母や勤務先会社社長に問い詰められて，Aに対するいわゆる性的虐待を自認するに至っている。

（Bについて）

① 事件本人は，Bに対しては，小学校入学前の幼稚園のころから，箸の持ち方など日常生活の些細なことに厳しい躾をし，言うとおりにしないと，食事をするな，風呂に入るなと厳しく命じた。Bが小学3年のころ冬の季節に夕食の時間ころから裸で戸外に立たされたが，事件本人が寝た後実母に家に入れてもらった。更に，事件本人は，Bが小学4年ころ，度々，実姉の年齢でも解けない課題を出し勉強を強要し，問題を解けないと，木刀，ハンガー，ゴルフパターなどで殴る等の暴行を加えた。また，Bは，平成8年7月中旬ころ，些細なことから事件本人に右手首をねじり挙げるようにして投げ飛ばされる暴力を受け，右腕手首を骨折した。怪我したBは，両親に連れられ，〇〇市内の「△△整形外科病院」で治療を受けたが，その際，医師がその怪我を事件本人の暴行によるものと推認しても，事件本人からの後難を恐れたB本人の口からはその事実を聞き出すことはできなかった。Bが一時保護された際にも，そのすねにはアザが見られた。

② 事件本人は，家族でスーパー等で買物をしたり，パチンコに行った際，Bに車中で長時間正座を命じ，脱水症状等を防ぐため通行人が飲み物を差し入れた時，これを見つけるとBの顔，頭，手足などを叩いたり蹴ったりする暴行を加えて懲らしめたりした。

③ 事件本人は，Aに性関係を迫り断られると，腹いせにBに対して暴力を振るった。なお，事件本人は，Aに対しても幼いころ暴力を振るった時期があったが，性的関係を持つようになってからは，暴力を行使することはなくなった。

以上のとおり，事件本人は感情に任せ，Bを木刀で手足を殴ったり，叩いたり，あるいは蹴ったりする暴行を加えたり，布団の前に立たせて寝せないなどの折檻をし，Aに対しては，長期間にわたり性的関係を強要したもので，これはいずれも未成年者両名に対する親権を濫用したものと一応認められる。

(6) 申立人は，事件本人の未成年者両名に対する虐待を避けるため，一時保護しているが，施設収容につき実母の承諾は得ているが，事件本人が未成年者両名の収容に反対し，実母を介して未成年者両名を早期に家に返すよう要求しているため，児童養護施設に収容の承認を求め（平成10年(家)第1571号，第1572号），併せて，本件保全処分の申立てにより養父の親権者としての職務を停止し，〇〇県中央児童相談所長〇〇〇〇を同人の職務代行者に選任し，施設収容の同意に代えるものである。

なお，事件本人は，勤務先会社社長から問い詰められAに性交した事実を認めた。そして，当裁判所は，事件本人を審問するため，平成10年12月2日及び同年12月10日のいずれも午後1時30分に期日を指定して呼び出したが，事件本人は，『裁判所に行っても結果は変わらない。』と言って出頭しなかった。

以上の疎明事実を総合すると，事件本人の親

第1節　親権喪失の宣告（834条）

権者としての職務の執行を停止させ，かつ，未成年者両名の養育の現状（一時保護中）を本案審判確定まで維持保存する必要があるというべく，その停止期間中は申立人をその職務代行者に選任するのが相当である。」

（b）財産管権の濫用については，とくにつぎの点が注目される。前述の利益相反行為についての制限を無視した行為は，解釈論的には明らかに濫用になりうるものと解されよう[123]。なお以下の問題点が考えられる。

① 第1は【97】は，未成年者の近親の扶養，たとえば，妹の養育費のねん出のために未成年者の財産を処分した行為は，親権濫用とはいえないとする。この点はどうか。この事案の原審では，たとえ親族会の同意があっても，この行為は親権濫用とする。学説でも見解が分れることが考えられる。大審院では，妹の養育上そうせざるをえないこと，また親族会の同意があったことが重くみられて親権濫用にならないとした。思うに，こうしたケースは，家族の共同生活では日常的に考えられる問題である。それだけに家庭裁判所の許可事項とされるべきことが法理的には妥当であろう。なお，問題の本質からいって，単純な財産法的理論のみの解釈にならないようにここでも附記したい。子の年齢，親・子の生活など総合的判断が前提として把握されるべきである。

② つぎに，未成年者の利益を考えることもなく，結局親権者として長年なんの行為もなさなかった場合はどうか。【98】はこれを肯定する。このケースでは，長年親権者の責任を自覚せず放置してあるから，このケース自体にはとくに疑問がない。ただこのような親は，単に親権剥奪でよいかどうかという問題が提起されてくると思われる。

【97】　大判昭6・12・24 裁判例5民293

［判旨］「原判決ハＡノ母トシテ同人ニ対シ親権ヲ行フ上告人カＡニ代リ同人ノ有スル特別漁業権ヲ訴外Ｃニ売却シタルコトヲ確定スルト同時ニ右漁業権ハ甲家生計ノ基本ヲ為シ現ニＡノ経営ニ当ルトコロナレハ，之カ売却処分ハ同人ノ利益ヲ図ル目的ニ非サル限リ忽チ其ノ生活ヲ危フスヘキモノナルコト明ニシテ従テ同人ノ利益ヲ保護スル目的ニ非スシテ，単ニ其ノ妹Ｂノ養育ノ為之ヲ売却処分スルカ如キハ仮令親族会ノ同意ヲ得タリトスルモ，Ａニ対スル親権行使ノ範囲ヲ逸脱シ親権ヲ濫用シタルモノニ外ナラストト断定シタリ然レトモＢハＡノ妹ニシテ且其ノ家族ナルコト判文上自明ナルヲ以テＡニ扶養ノ義務アルコト論無ク従テＢノ養育上右漁業権ノ処分カ必要止ムヲ得サルコトニ属シ而モ之カ処分ニ付親族会ノ同意アリタルモノトセハ別段ノ事由ナキ限リＡノ親権者トシテ上告人ノ為シ得ル行為ナルコトカ是認セラレ其ノ範囲ヲ逸脱セサルモノト観スルヲ相当トスヘシ。然ラハ原判決カ判示シタル叙上ノ事実関係ノミヲ以テシテハ未タ以テ上告人ニ親権濫用ノ所為アリタルモノト断シ得」ズ

【98】　大津家審昭34・12・23 家月12・3・141

［事実］　事件本人Ａは，申立人Ｘの2男Ｂと

---

[123]　我妻・前掲書347頁。

第5章　親権・管理権喪失

昭和23年○日婚姻届出をし，同年○月夫婦間に子が出生。Bは昭和30年○月死亡。Aはその子の単純相続権者となった。X方は農家，Bの死亡後AはXと家業を経営していた。この間A・B間は，AがBの同意をえずに妊娠中絶したこともあって夫婦関係が破綻し協議離婚の問題がくすぶっていた。そして離婚問題が解決しないうちに，Bは事故で死亡した。Aは実家に戻っていた。そして発生した問題が遺族補償金である。右補償金については，A・Xが子のために双方管理に当り協議の上支出すること，Aが子を引き取るについてはXに対する財産上の請求はせず，Aにおいて責任を以て養育するとの約定が成立した。同年8月Aは労働基準監督署から35万円を受領した後，約束に反し一方的に消費し，幼稚園にも入園させない。そこでXがこれを見兼ねて入園手続を了し，以後その子はX方に引き取られて通園し，昭和34年以降は地元の○○小学校に入学して現在に至っている。Xは，この間Aがその子に食事も与えず虐待したと主張している。

[判旨]「ところで前記資料によると申立人は次夫死亡前より事件本人との夫婦関係が破綻していたこと，次夫の葬儀にも事件本人が姿を見せなかつたこと，遺族補償金を事件本人が一方的に費消したことなどの事情が原因してかねてから事件本人に対する不信感が抜き難く他方事件本人は夫の死亡後未成年者の養育については当然申立人が経済面において配慮すべきものとして財産の一部分配を強く期待し双方家風の相違もあって申立人方と事件本人の実方とは鋭く反目対立し，未成年者は両者対立の犠牲となっている面のあることを看取し得る現状であることが認められ，且つ事件本人の家庭は家政の実権がその実母，実姉に握られており同人等の申立人側に対する悪感情が未成年者に対しても反映影響することを慮り家庭内において従属的地位にある事件本人としては未成年者を手許に引取つても厚遇を与え得ないことを惧れている点が推測し得ぬこともないが既に見た如く事件本人は農業に従事して家業に貢献し，その家庭は比較的裕福な生活を営んでいること及び過去において一定期間未成年者と同居し養育に当つてきた実績に徴しても事件本人が一段の熱意を以て未成年者の養育につき実母等の理解協力を得るに努めさえすれば敢えて申立人の側より物質的援助をまつまでもなく他に別段の支障なく未成年者を養育監護するに足る充分な環境，能力を具えているものであることは明らかである。その点につき事件本人は現状においても未成年者の養育を全く顧みないわけではなく，随時小遣菓子類を与えている上，将来経済的条件さえ具われば未成年者を手許に引取り生活したい旨弁明するのであるが，同人の完全な親権の行使を妨げている真因は外部的障害にあるのではなく養育の熱意と努力の不足する同人自身にあるというも過言ではないのであつて同人の右弁明は親権者としての責務の重大性を自覚することなくかえってその責任の大半を申立人側に転嫁している態度に由来しているものと認むべきである。いうまでもなく一般的に親権（特に幼児に対するそれ）は未成年者に対する積極的な保護育成義務を内容とするものであるから本件において前段認定の如く事件本人が昭和33年3月より今日まで長期間に亘り未成年者に対する実質上の養育責任を申立人に委ね事故の責任を放擲して親権不行使の状態を継続している如きはこれにより未成年者の福祉を害すること著しいものがあるとすべく親権の消極的な濫用に当るものと認めるのが相当であるから右の事由の解消に至るまで事件本人の親権を喪失せしめることも止むを得ないといわなければならない。」

(2) 著しく不行跡

(a) 学　説

親権制度の他の原因が、この「著しく不行跡」の観念である。学説ではこの行為も、親権者の行為が単に倫理的に非難されるというだけでなく、そのために子の福祉、心神に害があり、かくて子は健全な成長をとげ難いこととされる[124]。すなわち、「著しい不行跡」とは、当該親権者をして、親権を行わせず、むしろ他の者に親権を行使させたほうが、その子の福祉を厚くするゆえんとなるような程度の親権者の操行の不良を意味する、ということである。このようにみると、「著しい不行跡」とは、よくよく子に悪影響をおよぼさない限り親権喪失原因とされないということである。「他の者に親権を行使させたほうが」、という前述の学説から、このことが明らかに指摘される。しかもここに親権者に対する懲罰的意味が含まれていないとも説かれる。こうした学説の傾向に対しては、素直には理解できない点もある。

① 第1にこの「著しい不行跡」について、わたくしは、「著しい」という用語の法文からの削除をここに提起したい。この点は、解釈論で十分であり、この用語がないと家庭裁判所の審判で困るということでもないと思われる。まして、この「著しい」という用語があれば、いかに子の福祉という理論で補充するにしろ、親に甘い見方であることは観念的に否定できない。親の立場にたつ理論としかいいようがないと思われる。

② つぎに、わたくしは、親権剝奪は、前項目の親権濫用についてもいえるが、親に対する懲罰的意味をもっと明確にされるべきである。そうしないと、剝奪された親とはなにかが不明確になってしまうおそれがある。

③ 「親権者よりも他の者に親権を行使させたほうがよい」という理論は、あえて説く必要もないと思われる。子の立場を考えると、なぜこうした廻りくどいことをいわなければならないか、という素朴な疑問も提起したい。

(b) 判　例

つぎに、判例から具体的にケースを追ってみたい。実際は法的不品行、賭博などがここで常識的に考えられる。そして、親権者の性的不品行については、通常父のほうが母よりも多いと常識的に考えられるが、判例では圧倒的に母のケース——未亡人——が多く、9分9厘までは未亡人の私通のケースであることが注目される[125]。つぎの判例が注目される。

① 【99】は、常盤御前事件として著名である。判例が法理的に注目される点とは、それ以前の判例では、未亡人の私通が当然に親権剝奪とされていたのに対して根本的に問題を提起し覆えした、リーディングケースであることである。もっとも、学説では、この判例は妾公認ないし是認だとの厳しい見方もないではないが、それでも学説では、この判旨は「未亡人やその子の生存権の保障されない社会機構上のいたましき妥協である」、との見方が支配的であるとみてよい[126]。この判

---

124) 我妻・前掲書348頁。
125) 仁平光麿「著しい不行跡と親権の喪失」家族法判例百選（3版）142頁。
126) 青山・家族法論208頁、拙著・女性と家族法192頁以下。

決の意義は，未亡人の法的自由を間接的ながら認めたという見方も考えられないこともないが，それにもまして，わたくしは，この判決の出された年代からいって，未亡人の主体的生き方が認められたことに注目したい。

② つぎに，過去に著しい不行跡があっても，その後改悛していれば，判例は親権剥奪事由にはならないとする（【100】）。しかし，慎重な判断が望まれよう。

③ この著しい不行跡とは，法的不品行に限るものではないことは当然である（【101】）。

【99】 大判昭 4・2・13 新聞 2954・5

［事実］ 歯科医であった夫C死亡後2人の子ABの親権者になった母Yは，亡夫の友人の妻子あるD（歯科医）の妾になり，その間に1人の子を生んだ。Yは，遺児2名の養育と生活のためであると主張したが（その辺の事情は判例集から明らかでない），亡夫の父Xから親権喪失の申立がなされた。1・2審ともY敗訴。X上告，上告理由中，常盤御前の故事が引用されていることから常盤御前事件として著名になった。

［判旨］「按ずるに親権を有する寡婦が妻子ある他の男子と其の情を知りつつ同棲するが如き行為は素より擯斥すべきものたること論を俟たずと雖其の者の社会上の地位身分資力其の他特殊の事情の如何に依りては未だ以て親権を喪失せしむべき著しき不行跡と目するを得ざる場合あるべく裁判所が親権の喪失を宣告するに際りては単に親権者に右の如き擯斥すべき行為ありたる事実のみを以て足れりとせず須らく其の事案に付前記各種事情の如何を審究参酌し果して親権の喪失を来すべき著しき不行跡なりや否を

認定することを要す然るに原判決は上告人がABの実母にして大正13年11月28日夫Cの死亡に因り右両人の親権者と為りたるが大正13年8月頃より歯科医にして当時既に妻子を有せし訴外Dと其の事情を知りながら私通し大正14年5月頃より現在に至る迄横浜市前田町字廻坪540番地に1戸を構へ之を情夫たる右Dの出張所と為し同人と夫婦同様の関係を継続し其の間既に1子を儲けたる事実を認定し之を以て著しき不行跡に該当するものと為し苟も親権者として子女を監護教育すべき任に在る者が其の情を知りながら妻子ある他の男子と同棲し之と夫婦同様の生活を営むが如きは其の目的の如何を問はず認容すべきに非ずと判示し毫も前記諸般の事情の如何を審究参酌することなく上告人の生活の安定並子女の養育上已むを得ざるに出でたる趣旨の抗弁を顧慮することなく排斥し去りたるは審理不尽の不法あるを免れず論旨は其の理由あり」

【100】 東京控判大 14・7・17 新聞 2467・9，評論 14 民 939

［判旨］「原審証人A（第2回）Bノ各証言ニ依レハ寡婦タル控訴人カ大正8年10月ヨリ大正9年3月ニ亘リ常盤線神立駅長Aト私通シ居タルコトヲ認メ得ヘク斯ノ如ク其子ニ対シ親権ヲ行フ母カ其夫ノ死亡後他ノ男子ト私通スルカ如キハ著シク不行跡ノ振舞ナリト謂フノ外ナキモ右証人Aノ証言ニ依レハ大正9年4月以後ハ右私通関係ヲ絶チ現在ハ其跡ナキコトヲ認メ得ヘキヲ以テ現在ニ於テハ之ヲ以テ親権喪失ノ事由ト為スニ足ラス又控訴人カ被控訴人主張ノ如ク居村小学校教員糸賀某ヲ自宅ニ下宿セシメ二女Cハ高等女学校在学ノ身ニシテ亦之ト私通シタル結果Cハ同人ノ花柳病ニ感染シ麻毒性関節炎ニ罹リ中途退学ノ止ムナキニ至リ大正10年7月

下旬約6ケ月ノ胎児ヲ流産シタルカ如キコトアラハ此レ控訴人カ其子ニ対スル監護教育ノ義務ヲ怠リタル失態アルモノト謂ハサルヘカラサレトモ成立ニ争ナキ乙第4号証ニ依レハCハ大正13年9月9日当時東京市麹町区上六番町大妻技芸学校ニ在学中ナリシコト明カナルカ故ニ晩クトモ右入学当時以来控訴人ハCニ対スル監護教育ノ義務ヲ相当ニ尽シ居ルモノト認ムルヲ穏当トスヘク当院カ信用セサル甲第2号証ヲ外ニシテハ控訴人カ現在ニ於テモ尚右Cニ対スル監護教育ノ義務ヲ怠リ居ル事実ヲ認ムヘキ証拠ナキヲ以テ被控訴人ノ此点ニ関スル主張モ亦理由ナシ然リ而シテ其他被控訴人ノ主張ヲ維持スルニ足リ信用スヘキ証拠ナキヲ以テ未成年者D及ヒ其姉Cニ対スル控訴人ノ親権ノ喪失ヲ求ムル被控訴人ノ本訴請求ハ之ヲ排斥スルノ外ナシ」

【101】　大阪高決昭31・1・26家月8・2・42

[事実]　抗告人X男は，昭和27年○月○○日，同年○月○○日の3日にわたり大阪簡易裁判所で窃盗罪により懲役刑に処せられ，引続いて服役し，昭和29年○月頃仮釈放され，現在その刑の執行を終っている。その後，事件本人A（長女）の所有する不動産（祖父Bから遺贈されたが，遺贈に際し親権を行うXに管理させない旨の意思表示がある）の一部に居住しつつ，残部を賃貸し，その賃料月3万円を取り立てて，その全部を勝手に自己の生活費に消費している。しかし，Xは過去の不行跡を改めAの親権者として欠くるところがないと主張する。棄却。

[判旨]　「抗告人が昭和27年○月○○日と同年○月○○日の2回に亘り大阪簡易裁判所で窃盗罪により懲役刑に処せられ，引続いて服役し，昭和29年○月頃仮釈放せられ，現在その刑の執行を終つたものであることや，長女Aが祖父Bから遺贈を受けて所有する（右Bは遺贈に際し親権を行う抗告人に管理させない意思を表示したので抗告人にはこれが管理権ない）滋賀県○○郡○○町所在の山林の立木を昭和27年○，○月頃C，D等に勝手に売却し，その代金数万円をその頃自己の用途に費消したこと，又前同様Bからの遺贈によりAの所有となり抗告人に管理権のない大阪市○○区○○○○○丁目○○○番地上家屋の一部に現住して残部を他に賃貸し，その賃料毎月3万円を取立てて，これを勝手に全部自己の生活費等に消費している事実は，何れも原決定の挙示する証拠によつて十分認められるところである。

而して当裁判所は，かかる抗告人の行為は，民法第834条に所謂親権喪失の原因たる著しき不行跡と云はなければならないと考える。

抗告人は，過去においては家庭の事情の為，色々素行が修まらなかつたけれども，服役後は妻を迎へ家庭に落着き商売を営んで居り現在においてはAの親権者として欠くるところがないと主張するからこの点につき考うるに，過去において擯斥せらるべき不行跡があったにせよ，その後反省しこれを改めている情況であるならば，現在親権喪失の原因たるべき著しき不行跡があるとは云へないであろうけれども，過去の不行跡が，既に消滅して現存しないと云い得るが為には，親権者において道義的反省をして前非を悔い従来の不行跡を改め且将来再び同様の不行跡を繰返す虞がない程度に遷善向上した事実がなければならないであろう。然るに抗告人の右所為は何れも時間的にさして遠いものでもなく且或ものは現存しておるものであるし，原審における証人E，F及抗告人本人の各尋問の結果によれば，抗告人は現在においても働ける体をもちながら，ふらふらして働かず，前記の如くA所有の家屋による賃料によつて自己の生活を営み，その他に何等の収入もなく，且浪費

癖は少しも改っていない事実が認められるので，抗告人が喪心前非を悔悟し能く改過遷善したものと確認するに躊躇せざるを得ないところである，さすれば抗告人に現在親権喪失の事由たる著しい不行跡がないとは到底云いきれないのである。」

2　形式要件

子の親族または検察官の親権剝奪の請求が必要である（834条）。検察官が請求権者とされた点が注目されるが，親権の義務性＝社会的義務性が強調されたものと解されている[127]。また，請求権者が「親族」と漠然としているが，この点は，学説でもその範囲が限定されるべきことが，今後の改正論としてすでに提起されている[128]。この点は，今後根本的に再考されるべきである。近代家族のあり方からいっても，ただ漠然と親族とすることは無意味である。もし，親族を請求権者とするにしても，その範囲を限定しつつ，子の「特別代理人」という資格において明記されるべきである。この意味では，児童相談所の所長に，子の利益のために親権の喪失宣告を家庭裁判所に請求する権限が認められていることも妥当とされよう（児福33条の5，昭26・11・5民事甲2102号通達）。

3　親権喪失の効果

家庭裁判所の親権喪失の宣告があれば，親権者は身上監護権・財産管理権を失う。具体的にいえば，共同親権者の一方がその宣告を受けたときは，他方の単独親権となり，単独親権者が喪失すれば，後見が開始する（838条1号）。なお，現行法の立場からいえば，親権喪失者について，親権以外の子に対する権利義務，子の婚姻の同意権（737条），扶養義務（877条1項），相続権（887条，889条1項）などはそのまま認められる。

親権喪失の宣告を受けた者が，その宣告の原因が止んだときは，家庭裁判所は，本人または親族の請求によって失権の宣告を取り消すことができる（836条）。その取消のできる場合とは，学説によれば，親権者であった者が心から悔悟している場合とされる。しかし，子の福祉からみれば，反省したのみでは足りず，子の利益にプラスであり，子との調和ある生活が期待できるとの家庭裁判所の判断が当然必要と思われる。

4　まとめ

親権喪失宣告・取消宣告（後述の財産管理権についてもいえる）の制度は，明らかに権利論にたつ法特有の理論を前提とした制度といえる。今後義務の面から親権をとらえる場合，簡単に右のように制度的に割りきれるか。今後の1つの大きな研究テーマと考えられる。そしてこの問題は，本質的には家庭裁判所のカウンセリング機能が重視されるべき問題であることは疑いない。とくに，親権喪失にともなう子の心理的動揺を思えば，なおのこと，

---

127)　太田・於保編前掲書167頁。
128)　太田・於保編前掲書167頁。

このカウンセリング機能が重視されるべきである。そして、なおこのカウンセリングによる親の指導についても、その効果が期待できないときは、子のカウンセリングの接触を通しつつ、親の身分の法的剥奪までいくべきであろうと考えられる。親権喪失の取消制度などの段階の問題ではない。

従来この問題は、学説でもあまり追求されない傾向がみえるが、この点についても問題を提起したい。

第2節 財産管理権の喪失

1 意　義

それは、特定の親権者について、財産管理の失当によってその子の財産を危うくしたとき、その管理権を強制的に失わさせることである。その形式的要件、家庭裁判所の宣告によってなすこと、等、親権喪失と同一である。

2 効　果

管理権だけを失うから、①共同親権の場合には、身上監護はなお共同して行い、財産管理は他方の単独行使となる。②単独親権の場合には、財産に関する権限だけの後見人が選ばれることになる（838条1項後段，866条）。

3 宣告の取消

管理権喪失の宣告も、原因が止んだときは、本人または親族の請求によって、家庭裁判所はその宣告を取り消すことができる（836条）。財産管理の問題であるから、学説では「財産管理の知識経験ないし能力が向上したか否かが主として考察されるべきである」とされる。これは法理論としては妥当かもしれないが、実際の判断は困難であるから、形式的判断の懸念がないでもない。

なお、財産管理権の喪失の性格については、個別的につぎの諸点が注目されよう。

①　管理が失当であるかどうかは、【102】にあるように、管理をめぐる諸般の事情が考慮されるべきである。そして、学説では、その判断の基準として、監護・教育権は親権者に留めおいて、財産管理権のみを失わさせれば足る程度の管理権行使の不当があればよいとされる。この見解は法理上妥当であろう。しかし、果たして右のように、財産管理・監護・教育権をつねに形式的に区別してよいかは問題であり、個別的ケースの慎重な判断が望まれる。また、財産管理のみの喪失のみですませるべきか、親権濫用による親権喪失とされるケースも当然ありえよう。

②　つぎに民法が、親権者の監護・教育の失当を理由として、監護・教育権のみの喪失を認めない。親権の本質からこの点は当然であり、もしその失当が問題となるときは、親権そのものの喪失の問題と考えるべきである。すなわち、財産管理権のみの喪失を民法が認めていることは、法理上一応財産管理と親権とを法が切り離して考えてよいとの判断に

第5章 親権・管理権喪失

たっていることは明らかである。しかし，この点は，民法が親権の効力として，824条において，子の財産管理を規定した立法趣旨からみてどうなのかという疑問がないでもない。

③ しかし，民法は財産管理上の特有の性格を考慮したことは疑いない。それは，親権を行う父または母の管理が失当であったことによって子の財産を危うくしたときに，管理権喪失の宣告を認められうるということである。前述のように，管理の観念の中に「処分」も含まれるとみれば，なおのこと管理権喪失を認める必要があると考えられる。しかし，子の立場から根本的に考える場合，問題が発生して管理権喪失とする前に，こうした問題の発生しないように立法されるべきであろう（前述したが，わたくしは，管理権喪失の主たる問題となると思われる「処分」については否定的立場をとる）。

【102】 東京高決昭35・2・9家月12・11・125

[事実] 親権者の相手方Y女が，宅地112坪9合7勺の残地62坪1合6勺（未成年者Aの所有財産唯一の高価物件）必要もないのに売却しようとしていることが管理権喪失の原因となるか。ちなみに，Yは第2目録記載の不動産を売却し，債務の整理，また生活費にもあてつつ宅地60坪を購入し，なお残金を銀行に預金している。そして実家に帰り生活環境が一変したからといってA所有の前記宅地を宅地として保有しておくことの必要性はさして存しないとは認められない。

[判旨] 「親権者がその管理する子の財産を売却する行為を以て，親権者の財産管理として失当なものと見るかどうかは，単に抗告人所論の如く，不動産を消費し易い金銭に換えることは財産保有について危険を招くものであるというが如き観点だけから判定すべきものではなく，その財産を売却するに至つた動機，原因その財産の売却が，現在及び将来における子の財産の維持運営ないしは子の生活全体に亘る諸般の事情から見て，失当であるかどうかを検討して判定すべきものである。しかして，この観点から，原審の審理の結果に現れた諸般の事情を考察検討するに，相手方が所論宅地を売却しようとしていることを以て，同人の親権者としての財産管理行為として失当なものとは認められない。その他記録を精査しても原審判を取消すべき理由を発見し得ない。」

第6章　親権・管理権の辞任

1　意　義

　民法は，親権者について，やむをえない事由のあるときは，家庭裁判所の許可を得て，親権または管理権を辞退することができるとする（837条1項）。身上監護権だけの辞退を認めず，財産管理権だけの辞退を認めたことがまず注目される。そして，その立法趣旨については，辞退が子の利益になるものでなければならない。親権者の親権を行うことが子のためであるが，しかし，事情によっては次善の策として，親権者の辞退を認めることが子のためであることもあり，また，財産管理の場合は，財産管理の技術もあるから，その辞退を認めることが子のためでもあるとされる[129]（もっとも，後者については学説の指摘のように，本人の自発的な意思でこのような制度を利用する必要があるかどうか疑わしい）[130]。

2　要　件

(1)　実質的要件

　辞任事由は「やむをえない場合」とされる。たとえば，重病・服役・長期の海外旅行などがあげられる。管理権の辞任の場合，健康・知識経験ないし能力などから財産管理の困難な場合があげられる。

(2)　形式要件

　親権または管理権の辞任は家庭裁判所の許可を得て（審判―家審法9条1項甲類13号，家審則81条），戸籍の届出によってなされる。すなわち，辞任は戸籍の届出による要式行為である。

3　効　果

　親権を辞任すれば，①共同親権の場合は，他方の単独親権となり，②管理権を辞任すれば，共同親権であった場合，管理権だけ他方が単独で行使し，監護権はなお共同して行使することになる。

4　親権・管理権の回復

　親権・管理権の辞任の理由となった辞仕事

---

129)　中川善之助・前掲書535頁。
130)　我妻・前掲書351頁。

第6章　親権・管理権の辞任

由が止んだときは，家庭裁判所の許可をえて，親権または管理権を回復できる（837条2項）。

5　私　見

わたくしは，この親権・管理権の辞任の規定が必要かどうか，根本的に疑問をもたざるをえない。親がやむをえない事由によるにしろ，そして家庭裁判所の許可手続によるとはいえ，自ら親権者を辞任するとは，親の身分を考えるとき，あまりにも無責任な形式処理といえはしまいか。財産管理の辞任は，財産管理特有の性格を考えれば，それでも認められることか，このケースが実際にどの程度あるのか疑わしい。しかし，長期の海外旅行などの長期不在を「やむをえない事由」と例示する学説も[131]，あまりにも形式論のように思われる。そもそも，子のための親権という名目をかかげながら，この辞任は親のみの事情をとりあげていることはどういうことであろうか。それによって受ける子の精神的打撃は全く考慮されていないのではないか。たとえば病気などで親権を行使できない場合があるにしても，親義務の遂行に協力する社会体制こそ根本問題であるべきである。幸いにして，家庭裁判所の許可事項とされているから，カウンセリング機能が重視されるべきであり，わたくしは，とくに子の精神面に対する慎重な配慮を切望したい。

要するに，この問題は，親の義務の面から根本的に検討されるべきものと問題提起したい。現行法の規定は，どうみてもあまりにも手軽にこの問題を処理しているとしかいいようがないように思われる。

---

[131]　太田・於保編前掲書184頁。

むすび

　以上において，わたくしは，親権が義務の面から再考されるべきであることを説いた。

　子の福祉が法の基本理念であれば，親権は，子の権利に対応すべき義務として法的に理論化されるべきことは，法理論の当然の要請といわれよう。

　親義務の立場からいえば，既述のように，共同親権論として最も問題となる夫婦の離婚後も，子に対しては親として当然共同監護——親権の平等負担——であるべきである。

　比較法的にみればアメリカにおいては，多くの州において共同監護権が規定され，また立法化されていない州においても，判例法上共同監護が認められており，すでにアメリカ全土で認知された監護形態として確立している[132]。

　特に，アメリカのカリフォルニア州の共同監護法は注目される[133]。

　こうしたアメリカ法の動向は，親権論として，問題の性格からいって大いに注目されるべきである。

　つぎにその問題点を抽出して考えたい。

　まず注目されるべきことは，離婚後の共同監護論は，子の最善の利益の実現に寄与するものとして理論化されてきたことである。具体的には，つぎの諸点が要因とされる。

　(1)　まず，当然のことながら，父にしろ，母にしろ単独監護の欠陥が指摘される。すなわち，第1に，単独監護は，子に離婚という異常な体験を経験させ，健全な発育を大きく阻害する原因を与えることとなり，いかに経済的に富裕な監護がなされ，細心の注意で監護に当ろうと，回復することのできない子の外傷体験となることは当然である。第2に，単独監護は子の福祉と全く関連のない，離婚の当事者である父母の制裁や恩典としてみられる危険があることである[134]。

　(2)　つぎに，単独監護の弊害は，事実上の面接交渉も法的に親権と一体でない限り治癒されるものではない。婚姻生活にも似た両親との絶え間ない接触があってこそ，ようやくその不健全さが若干でも救済されるにすぎない。

　(3)　さらに，わたくしがとくに関心をもつ

---

132)　山口亮子「アメリカにおける共同監護法と子どもの利益㈠」上智法学論集39巻3号101頁以下。
133)　山口・前掲論文注132) 109頁，および同論文（二・完）同40巻1号参照。
134)　菊地和典「面接交渉から共同監護へ—子の監護についての新しい動向—」最高裁判所事務総局家庭裁判所論集149頁。

むすび

点であるが，子に必要なものは物質的に養育されるということではなく，親が存在するということである。1人の親では，両親がともにある家庭の幸福をどうみても果せない。まして，単独監護では，どのような理由をあげても子の最善の利益に反した措置であるといえる[135]。

かくて，離婚が破綻主義により容易化すれば，なおのこと子の立場は共同監護（親権）の方向で考えられるべきである。

もっとも，一口に共同監護論といっても，そこには現実的にかなり困難な問題がある。第1は，離婚の葛藤をのり越えて互いに協力しながら監護を共同にすることは絶対に不可能とする推定がある。第2は，子が2つの家を往復しながら養育されることは子の情緒面に不安定さを招き，それは精神医学的に有害であるとみる。そして第3点として，共同監護は普遍性に欠けるともいわれる。

かくて，共同監護の実現について，共同監護の作用する条件がつぎのように注目されている。①両親が地理的に接近して居住すること。②父が自宅で営業するか，勤務時間に相当な余裕があること。③両親が共同監護に同意すること。④転校・交友関係に変化がないか，あっても最小限の変化にとどまること。⑤離婚後も両親の間に接触が保たれ，協議がなされ妥当な判断に達しうること等である[136]。

翻って日本の現状をみると，いまだ共同監護の具体論は活発ではない。しかし，問題の性格からいっても，いずれ真剣に討議されるべきであると考える。とくにわたくしの場合は，本稿の立場からいっても親権論の向うべき方向として，この共同親権論の推移に今後とも注目していきたい。

---

[135] 菊地「前掲論文」最高裁判所事務総局・前掲書149頁。
[136] 菊地「前掲論文」最高裁判所事務総局・前掲書163頁。

判 例 索 引

【 】内は本書の判例通し番号，【 】右の太字は［判旨］掲載頁を示す。

名古屋控判明 38・11・8 …………………60	大判昭 12・5・18 法学 6・1215 …………【78】97
大判明 39・4・2 民録 12・553 …………【51】60	大判昭 13・3・5 判決全集 5・6・21 ………【79】98
広島控判明 40・7・6 …………………………95	大判昭 13・3・9 民集 17・4・1378 …………【12】29
大判明治 40 年（オ）第 428 号明 41・3・9 …96	大判昭 15・7・29 判決全集 7・26・8 ………96
大判明 41・3・9 民録 14・241 …………【74】95	大判昭 15・9・18 民集 19・1636 …………【1】11
東京控判明 42・10・31 ………………………94	大阪高決昭 27・9・27 家月 5・4・53 ……【33】44
大判明 44・7・10 民録 17・468 …………【73】94	札幌高函館支判昭 28・2・18 高刑集 6・1・128
大判大正 2 年（オ）第 314 号大 3・9・28 …99	……………………………………………【55】71
東京控判大 4・2・8 ………………………… 90	大阪高決昭 28・9・3 高民集 6・9・530, 法曹新
大判大 4・3・13 民録 21・371 …………【68】87	聞 80・14 ……………………………【25】38
大判大 4・7・28 刑録 21・1170 …………【90】105	最判（一小）昭和 26 年（オ）第 366 号昭 28・11・
大判大 4・9・21 民録 21・1489 …………【71】90	26 民集 7・11・1288 ……………………………88
大判大 6・2・2 民録 23・186 ……………【85】101	京都家審昭 30・7・26 家月 7・10・21 ……【67】85
大判大正 7 年（オ）第 442 号大 7・9・13 …98	東京高決昭 30・9・6 高民集 8・7・467, 家月 8・
大判大 7・9・13 民録 24・1648 ……………96	7・51 ………………………………………【40】49
大 8・12・8 民録 25・2213 …………………58	広島家審昭 30・9・9 家月 7・10・24 ………【7】18
大判大 9・1・21 民録 26・9 ……………【84】100	大阪高決昭 31・1・26 家月 8・2・42 ……【101】119
大判大正 9 年（オ）第 511 号大 9・12・17 …96	福岡高決昭 31・4・30 高民集 9・4・249, 家月 8・
広島控判大 10・4・9 ………………………99	10・62 ………………………………………【5】16
大判大 10・8・3 民録 27・1765 …………【75】96	大阪高決 32・5・2 家月 9・5・59 ………【28】42
大判大 10・8・10 民録 27・1476 …………【82】99	最判昭 32・7・5 ジュリ 136・86 ………【52】61
長崎控判大 11・2・6 新聞 1954・9 ……【54】71	東京高決 32・10・16 家月 9・11・70, 東高民報
大判大 11・4・6 民集 1・175 ……………【49】58	8・10・246 ………………………………【15】31
東京控判大 14・7・17 新聞 2467・9, 評論 14 民	東京高決昭 33・1・23 ……………………92
939 ……………………………………【100】118	大津家審昭 34・12・23 家月 12・3・141 …【98】115
大判昭 4・2・13 新聞 2954・5 …………【99】118	東京高決昭 35・2・9 家月 2・11・125 …【102】122
朝高院判昭 5・9・18 評論 20 民 32 ………【70】90	最判昭 35・2・25 民集 14・2・79 ………【72】91
大判昭 5・12・23 刑集 9・949 ……………【2】12	最判昭 35・3・15 民集 14・2・430 ………【66】84
大判昭和 5 年（オ）第 1191 号昭 6・3・9 …97	最判昭 35・7・15 家月 12・10・88 ………100,【87】101
大判昭 6・3・9 民集 10・108 …………【91】106	大阪高決昭 36・7・14 高民集 14・5・312, 家月
大判昭 6・12・24 裁判例 5 民 293 ………【97】115	13・11・92, 判時 278・19 ……………【9】24
東京地判昭 7・6・1 評論 21 民 601 ……【94】108	福岡地飯塚支判昭 37・1・19 下民集 13・1・36
大判昭 8・1・28 法学 2・1120 ……………96	………………………………………………【6】17
大判昭 9・5・22 民集 13・1131 …………【93】107	最判昭 37・2・27 ジュリ 252・2 ………………100
大判昭 9・12・21 新聞 3800・8 ……………96	最判（三小）昭和 36 年（オ）第 1013 号昭 37・2・
大判昭 10・7・19 法学 5・351 …………【81】99	27 民集 58・1023 ……………………………97, 102
大判昭 10・9・20 法学 5・492 …………【77】97	東京地判昭 37・7・17 下民集 13・7-9・1434

親権の判例総合解説 127

判 例 索 引

・・・・・・・・・・・・・・・・・・・・・・・・・・・・・・・・・・・・【53】63
最判（三小）昭和 34 年（オ）第 1128 号昭 37・10・2 民集 16・10・2059・・・・・・・・・・・・・・・・・・100
最判昭 37・10・2 判時 321・19 ・・・・・・・・・【86】101, 104
青森家五所川原支審昭 39・3・27 家月 16・6・178 ・・・・・・・・・・・・・・・・・・・・・・・・・・・・・・・・・・【35】45
東京高決昭 39・5・30 家月 16・6・125，判タ 172・251 ・・・・・・・・・・・・・・・・・・・・・・・・・・・・・【41】49
東京家審昭 39・12・14 家月 17・4・55 ・・・・・【56】75
静岡家沼津支審昭 40・10・7 家月 18・3・81，判タ 198・199 ・・・・・・・・・・・・・・・・・・・・・・・・【19】33
岡山家審昭 40・11・18 家月 18・5・57，判タ 200・190 ・・・・・・・・・・・・・・・・・・・・・・・・・・・【26】38
東京家裁昭和 40・11・25 家月 18・7・56 ・・・・【10】28
札幌高決昭 40・11・27 家月 18・7・41，判タ 204・195 ・・・・・・・・・・・・・・・・・・・・・・・・・・・【11】29
東京高決昭 40・12・8 家月 18・7・31（【56】の抗告審）・・・・・・・・・・・・・・・・・・・・・・・・・・【57】76
熊本家山鹿支審昭 40・12・15 家月 18・8・62，判時 436・54 ・・・・・・・・・・・・・・・・・・・・・・・【13】30
釧路家審昭 41・11・29 家月 19・7・89，判タ 219・200 ・・・・・・・・・・・・・・・・・・・・・・・・・・・【39】48
東京高判昭 42・4・11 判時 485・44 ・・・・・・・【16】31
最判昭 42・4・18 民集 21・3・671，判時 483・34 ・・・・・・・・・・・・・・・・・・・・・・・・・【76】97，【88】102
最判（三小）昭和 41 年（オ）第 79 号昭 42・4・25 裁判集民事 87・253 ・・・・・・・・・・・・・・・・100
東京家審昭 42・6・15 家月 20・1・92，判タ 228・236 ・・・・・・・・・・・・・・・・・・・・・・・・・・【43】51
東京高決昭 42・8・14 家月 20・3・64（原審，東京家審昭 42・6・9 家月 20・3・67）・・・・・・・【59】77
最判昭 42・9・29 判時 497・59 ・・・・・・・・・・【69】87
大阪家審昭 43・5・28 家月 20・10・68，判タ 235・293 ・・・・・・・・・・・・・・・・・・・・・・・・・・・【4】16
大阪家審昭 43・5・28 家月 20・10・68 ・・・・【60】78
福岡小倉支審昭 43・8・15 家月 20・12・97，判タ 238・282 ・・・・・・・・・・・・・・・・・・・・・・・・・・・・37
盛岡家審昭 43・9・9 家月 20・12・94，判タ 238・281 ・・・・・・・・・・・・・・・・・・・・・・・・・・・【27】39
鳥取家米子支審昭 43・9・17 家月 21・1・112，判タ 239・306 ・・・・・・・・・・・・・・・・・・・・・【32】43
新潟長岡支審昭 43・9・25 家月 21・2・173，判タ 239・305 ・・・・・・・・・・・・・・・・・・・・・・・・・37
最判昭 43・10・8 家月 21・1・101，判時 537・45，判タ 228・97 ・・・・・・・・・・・・・・・・・・【80】98
大阪家審昭 43・12・23 家月 21・6・62，判タ 241・264 ・・・・・・・・・・・・・・・・・・・・・・・・・【50】59
大阪高決昭 43・12・24 家月 21・6・38 ・・・・【61】79
東京家審昭 44・5・9 家月 22・2・62，判タ 248・307 ・・・・・・・・・・・・・・・・・・・・・・・・・・・・・【8】21
東京家審昭 44・5・22 家月 22・3・77，判タ 249・29 ・・・・・・・・・・・・・・・・・・・・・・・・・・・・・【58】76
大阪家審昭 45・10・22 家月 23・6・67，判タ 265・303 ・・・・・・・・・・・・・・・・・・・・・・・・・【36】45
仙台家審昭 45・12・25 家月 23・8・45，判タ 270・374 ・・・・・・・・・・・・・・・・・・・・・・・・・・・・27
旭川家審昭 46・2・20 家月 23・11−12・93，判タ 275・382 ・・・・・・・・・・・・・・・・・・・・・【34】44
大阪高決昭 46・4・12 家月 24・1・51 ・・・28，【20】34
最判昭 46・4・20 判時 621・53，判タ 264・192 ・・・・・・・・・・・・・・・・・・・・・・・・・・・・・・・【92】106
大阪家審昭 46・4・27 家月 24・4・199，判タ 278・397 ・・・・・・・・・・・・・・・・・・・・・・・・・【42】50
札幌高判昭 46・4・27 訟務月報 17・8・1284 ・・・・・・・・・・・・・・・・・・・・・・・・・・・・・・・・【89】102
横浜地川崎支判昭 46・6・7 判時 678・77 ・・・【18】33
札幌家審昭 46・11・8 家月 25・9・98 ・・・・・【48】55
高松高決昭 46・12・24 家月 24・12・40，判タ 288・404 ・・・・・・・・・・・・・・・・・・・・・・・・・【14】30
高松高決昭 46・12・24 家月 24・12・40，判タ 288・404 ・・・・・・・・・・・・・・・・・・・・・・・・・【30】43
大阪高決昭 47・1・14 家月 25・2・76，判タ 291・374 ・・・・・・・・・・・・・・・・・・・・・・・・・・・【45】53
秋田家審昭 47・4・14 判時 681・77 ・・・・・・・・・・37
松山家審昭 47・5・27 家月 25・5・46，判時 681・77 ・・・・・・・・・・・・・・・・・・・・・・・・・・・・・・・・37
大阪家審昭 47・9・7 家月 25・9・91 ・・・・・・【17】32
仙台高決昭 48・2・28 家月 25・11・88 ・・・・【47】54
大阪高決昭 48・3・20 家月 25・10・61 ・・・・【46】54
最判昭 48・4・24 家月 25・9・80，判時 704・50 ・・・・・・・・・・・・・・・・・・・・・・・・・・・・・・・・【83】99
大阪家審昭 49・2・13 家月 26・10・68 ・・・・【44】52

東京高決昭 49・6・19 判時 747・59, 東高民報
　25・6・108 ……………………………………28
東京高決昭 49・6・25 判時 750・55 …………【31】43
東京家審昭 49・12・13 家月 27・11・51 ………【21】34
東京家審昭 49・12・23 家月 27・11・51 ……………37
大阪家審昭 50・1・16 家月 27・11・56 ………【38】47
徳島家審昭 51・1・22 家月 28・10・66 ……………37
大分家中津支審昭和 51・7・22 家月 29・2・108
　…………………………………………【63】81
東京高決昭 52・6・13 東高民報 28・6・134,
　判時 861・65 ……………………………【3】14

東京高決 52・12・9 家月 30・8・42 …………【62】79
東京高決昭 55・3・21 家月 32・12・44 ………【95】112
京都家審昭 57・4・22 家月 35・9・105 ………【64】81
福島家審平 2・1・25 家月 42・8・74 …………【29】42
大阪高決平 3・4・4 家月 43・9・23 ……………【22】34
岡山家児島出審平 3・6・28 家月 44・6・76 …【24】37
高松高決平 4・8・7 判タ 809・193 ……………【65】82
東京高決平 6・4・15 家月 47・8・39 …………【37】46
大阪家審平 8・2・9 家月 49・3・66 ……………【23】35
熊本家審平 10・12・18 家月 51・6・67 ………【96】113

〔著者紹介〕

佐藤 隆夫（さとう たかお）

略歴　1924年　仙台市で出生
　　　1950年　東北大学法学部卒業
　　　　　　　東北大学大学院特別研究生
　　　　　　元國學院大学名誉教授
　　　　　　弁護士（東京第二弁護士会）

〔主要著作〕
『判例学説事典（民法総則）』（1971年，東出版）
『民法(4)債権総論』（共著）（1974年，有斐閣）
『現代家族法25講』（1976年，有斐閣）
『日本漁業の法律問題』（1978年，勁草書房）
『私法大要』（共著）（1979年，勁草書房）
『人の一生と法律』（1980年，勁草書房）
『民法総合判例研究（親権）』（1982年，一粒社）
『プロ野球協約論』（1982年，一粒社）
『離婚と子どもの人権』（1988年，日本評論社）
『農民と国際結婚』（1989年，日本評論社）
『現代家族法Ⅰ親族法』（1992年，勁草書房）
『高齢化社会の親子法』（1995年，勁草書房）
『現代家族法Ⅱ相続法』（1999年，勁草書房）
『現代の子ども』（2007年，不磨書房）

親権の判例総合解説　　　　　　　　　　　判例総合解説シリーズ

2004（平成16）年6月30日　第1版第1刷発行　5654-0101
2009（平成21）年8月5日　　第1版第2刷発行　5654-0102

著　者　佐藤隆夫
発行者　今井 貴・稲葉文子　　発行所　株式会社信山社　東京都文京区本郷6-2-9-102
　　　　　　　　　　　　　　電話(03)3818-1019　〔FAX〕3818-0344〔営業〕　郵便番号 113-0033
　　　　　　　　　　　　　　印刷／製本　松澤印刷／渋谷文泉閣

© 2009，佐藤隆夫　Printed in Japan　落丁・乱丁本はお取替えいたします。　NDC分類 324.600
ISBN 978-4-7972-5654-3　　★定価はカバーに表示してあります。

Ⓡ〈日本複写権センター委託出版物・特別扱い〉　本書の無断複写は，著作権法上での例外を除き，禁じられています。本書は，日本複写権センターへの特別委託出版物ですので，包括許諾の対象となっていません。本書を複写される場合は，日本複写権センター(03-3401-2382)を通して，その都度，信山社の許諾を得てください。

判例総合解説シリーズ

分野別判例解説書の新定番　　実務家必携のシリーズ

実務に役立つ理論の創造

緻密な判例の分析と理論根拠を探る

権利金・更新料の判例総合解説
石外 克喜　2,900円

大審院判例から平成の最新判例まで。権利金・更新料の算定実務にも役立つ。

即時取得の判例総合解説
生熊 長幸　2,200円

民法192条から194条の即時取得の判例を網羅。動産の取引、紛争解決の実務に。

不当利得の判例総合解説
土田 哲也　2,400円

不当利得論を、通説となってきた類型論の立場で整理。事実関係の要旨をすべて付し、実務的判断に便利。

保証人保護の判例総合解説〔第2版〕
平野 裕之　3,200円

信義則違反の保証「契約」の否定、「債務」の制限、保証人の「責任」制限を正当化。総合的な再構成を試みる。

親権の判例総合解説
佐藤 隆夫　2,200円

離婚後の親権の帰属等、子をめぐる争いは多い。親権法の改正を急務とする著者が、判例を分析・整理。

権利能力なき社団・財団の判例総合解説
河内 宏　2,400円

民法667条～688条の組合の規定が適用されている、権利能力のない団体に関する判例の解説。

同時履行の抗弁権の判例総合解説
清水 元　2,300円

民法533条に規定する同時履行の抗弁権の適用範囲の根拠を判例分析。双務契約の処遇等、検証。

婚姻無効の判例総合解説
右近 健男　2,200円

婚姻意思と届出意思との関係、民法と民訴学説の立場の違いなど、婚姻無効に関わる判例を総合的に分析。

錯誤の判例総合解説
小林 一俊　2,400円

錯誤無効の要因となる要保護信頼の有無、錯誤危険の引受等の観点から実質的な判断基準を判例分析。

危険負担の判例総合解説
小野 秀誠　2,900円

実質的意味の危険負担や、清算関係における裁判例、解除の裁判例など危険負担論の新たな進路を示す。

間接被害者の判例総合解説
平野 裕之　2,800円

間接被害による損害賠償請求の判例に加え、企業損害以外の事例の総論・各論的な学理的分析をも試みる。

相続・贈与と税の判例総合解説
三木 義一　2,900円

譲渡課税を含めた相続贈与税について、課税方式の基本原理から相続税法のあり方まで総合的に判例分析。

事実婚の判例総合解説
二宮 周平　2,800円

100年に及ぶ内縁判例を個別具体的な領域毎に分析し考察・検討。今日的な事実婚の法的問題解決に必須。

リース契約の判例総合解説
手塚 宣夫　2,200円

リース会社の負うべき義務・責任を明らかにすることで、リース契約を体系的に見直し、判例を再検討。

入会権の判例総合解説
中尾 英俊　2,900円

複雑かつ多様な入会権紛争の実態を、審級を追って整理。事実関係と判示を詳細に検証し正確な判断を導く。

（各巻税別）